DAVID TOGNI

CHANGE YOUR GLASSES

GRENZEN EXISTIEREN
NUR IN
DEINEM KOPF

**LOVE YOUR
NEIGHBOUR**

THANKS WHOLEHEARTEDLY
An dieser Stelle bedanke ich
mich von Herzen für die wunderbare Zusammenarbeit mit meinen
Freunden. Ich bin mehr als
überwältigt und total begeistert
davon, was für geniale Talente
auf dieser Welt leben.

Lektorat:
Andrea Specht und Johanna Knipp
Gestaltung:
Sechstagewerk, www.sechstagewerk.ch
Bilder:
Silvan Giger, www.silvangiger.com

1. Auflage November 2018
Verlag: Love Your Neighbour GmbH
www.loveyourneighbour.ch
ISBN 978-3-033-06902-2

David Togni

> Since 1987
> Über 26 Mal umgezogen
> Sein grösster Kindheitstraum:
> Ein Schweir zu Weihnachten
> Durchlebte einige Schicksalsschläge
> Fährt jährlich über 60.000 Kilometer,
> um als Speaker in Europa unterwegs zu sein
> Träumt davon, dass ihm jemand eines seiner
> Traumautos schenkt: Mercedes Benz G-Class
> 63 AMG oder Tesla X
> Liebt es, unterwegs für den Einzelnen
> anzuhalten
> Schweizer Modedesigner
> Gründer des sozialen Fashion Labels
> «LOVE YOUR NEIGHBOUR»
> Sprudelt von Ideen
> Kann nicht aufhören, Dinge in die Tat
> umzusetzen
> Bei Wind baut er lieber Windmühlen statt
> Schutzhütten
> Frisch verheiratet
> Ästhet
> Familienmensch
> Naturverbunden:
> Er bremst auf der Strasse für Frösche ab
> Liebt verschiedene Kulturen und andere Länder
> Sein Lieblingsgeräusch ist die Stille

STATE-
MENTS

Ich habe David durch unseren gemeinsamen Freund Patric bei einer meiner Konzerte in der Schweiz kennengelernt und hatte das Gefühl, dass die Chemie zwischen uns auf Anhieb gestimmt hat. Obwohl wir uns nie zuvor getroffen hatten, sassen wir stundenlang zusammen und sprachen über die Dinge, die uns bewegten. Im Laufe des Gesprächs erzählte mir David auch von seinem Schicksal und den Schmerzen, die er tagtäglich ertragen muss. Ich konnte es fast nicht glauben und war so fasziniert davon, dass jemand, der auf solche Art und Weise ständig geprüft wird, dennoch so eine Zufriedenheit und Lebensfreude ausstrahlen kann. Für mich ist David ein wirkliches Vorbild und der Inbegriff eines Kämpfers!

KOOL SAVAS, Deutsche Rap Legende

David ist ein Mensch, der lebt, was er sagt! Ich finde es faszinierend, mit welcher Weisheit er im Leben unterwegs ist, auch wie er mit Schicksalsschlägen umgeht. Es ist immer wieder ein Geschenk, mit ihm Zeit zu verbringen. Ich empfehle jedem, sich für dieses Buch zu öffnen, denn es bewegt Herzen!

DJ Mr. Da-Nos, Star DJ & Producer

David Togni ist ein kreativer Machertyp. Seine «out-of-the-box»-Denkweise mündet in verblüffende Ideen. Dank

Davids energiegeladener Art nehmen die Träume schnell eine klare Form an und werden umgesetzt. Das Beste: David versteht es, andere Menschen mit seinem begeisterten Visionsfeuer anzustecken. Und so entsteht etwas Einzigartiges.

**Michael Karrer,
Marketing & Sales Manager**

Mein Bruder ist für mich ein grossartiger, mutiger und leidenschaftlicher Kämpfer. Mit Gott an seiner Seite meistert er jede erdenkliche Hürde. Er lag schon einige Male am Boden, aber er stand und steht immer wieder auf.

Mario Togni, Bruder

«CHANGE YOUR GLASSES», ein Titel, der zu David passt. Seit nun fünf Jahren enger Freundschaft, darf ich sagen, dass dieses Leben wirklich «ECHT» ist. Mit seiner liebevollen und geradlinigen Art schenkt er vielen Menschen Hoffnung und Würde. In einer Zeit, in der viele Menschen genau das suchen. David, ein Mann, der die Wahrheit liebt!

Dominic Haab, Freund

Ich habe David als fröhlichen und hilfsbereiten Menschen kennengelernt. Was David mit LYN macht finde ich super. Glaubensthemen kann er mit eigenen Erlebnissen ausgezeichnet erklären. David ist einer meiner besten Freunde, wie ein grosser Bruder und für mich ein ganz wichtiges Vorbild.

Ruben Baumann, 11 Jahre

Kreativ und unglaublich mutig. Trotz Herausforderungen steht die Liebe bei ihm immer im Mittelpunkt. David ist ein Mann, der Liebe lebt. In seiner Gegenwart wird man ernst genommen. Wenn ein Popcorn nicht platzt, wäre David derjenige, der es nochmal erhitzen würde.

Michael Studer, Freund

Ich kenne keine Person, die mich so sehr an Jesus erinnert wie David. Seine Liebe zu Gott und seinen Mitmenschen ist so ansteckend, dass es einen unweigerlich verändert. Seit einigen Jahren bin ich eng mit ihm befreundet und ständig werde ich von ihm neu inspiriert, Dinge aus einem anderen Blickwinkel zu sehen und selbst die Veränderung zu sein, die ich in der Welt sehen will. Mich fasziniert dabei nicht nur sein Reden, sondern vor allem sein Leben. Als Christ geht es ihm nicht nur darum, in den Himmel zu kommen, sondern, dass der Himmel auf die Erde kommt.

David Rominger,
Freund und Lead Pastor

David Togni und LYN sind nicht bloss ein weiterer Brand oder eine schlaue Marketingstrategie. Nein, beides ist real. Beides ist zum Anfassen. Beides geht ans Eingemachte und ans Herz. Wirklichkeit, die buchstäblich aus einem Traum entstanden ist. LOVE YOUR NEIGHBOUR ist sein Lifestyle, seine DNA. LYN begeistert, berührt und verändert tausende Menschen weltweit. Die letzten fünf Jahre und many more to come. Let's make a difference! Ich wünsche dir Glaube, Vision, Standhaftigkeit, Spass, Durchhaltevermögen, Begeisterung und Energie für die Zukunft!

Marco Sarescia,
Director Spotlight AG

Ich kenne kaum einen grosszügigeren Menschen als meinen Mann David. Ich kenne niemanden, der so visionär und kreativ ist. Aus David sprudelt es täglich vor neuen Geschäftsideen, die er am liebsten alle sofort umsetzen würde, wenn er die Mittel dazu hätte. David hat definitiv die Fähigkeit, Menschen zu begeistern und ihnen zum «Gross-Denken» zu verhelfen. Seine Vision «Love Your Neighbour» lebt er ohne Kompromisse. Manchmal frage ich ihn: «Wie kannst du diese Person noch lieben, obwohl sie so gemein zu dir war, obwohl sie dir so unrecht getan hat?» Aber er liebt und vergibt, immer und immer wieder. Manchmal treibt mich das fast schon in den Wahnsinn - im positiver Sinne - weil ich mehr von dem haben möchte, was er in sich trägt: Die bedingungslose Liebe für seinen Nächsten.

Elena Togni, Ehefrau

David hat früh erkannt, wie wichtig es ist, die Komfortzone zu verlassen und sich nicht durch seinen eigenen Verstand eingrenzen zu lassen. Er hat sich dazu entschieden, den Fokus auf die Einzigartigkeit sowie sinnvolle Dinge zu richten. Eigene Eindrücke oder Ideen ernst zu nehmen und nicht auf die lange Bank zu schieben. Bekanntlich gibts nichts Gutes, ausser man tut es. Mutig, immer wieder aufzustehen. Allerdings kann man nur aufstehen, wenn man weiss, wie fallen funktioniert. Das sind nur einige Aspekte, die Davids Persönlichkeit beschreiben. Wer David persönlich kennt, weiss, dass ein Austausch mit seinem Wesen wie ein Booster für das eigene Leben wirkt.

Sabine & Lorenzo Togni, Eltern

LET'S GO FOR A WALK!

Ich wollte nie ein Buch schreiben. Und schon gar nicht hätte ich gedacht, dass ich mich zweimal auf diese Reise begeben würde. Aber wie das Leben manchmal so spielt, kommt alles anders, als man denkt.

Das erste Buch, «Es geht nicht um mich, aber es ist meine Geschichte», habe ich nicht wirklich selbst geschrieben. Es ist in enger Zusammenarbeit mit meiner Autorin Andrea Specht und einem Verlag entstanden. Kaum war das Buch erschienen, kamen Anfragen von unterschiedlichen Autoren und Verlagen, die gerne weiter mit mir arbeiten wollten. Doch ich habe dankend abgelehnt. Ein neues Buch wollte ich nicht schreiben - mir lag es nicht auf dem Herzen, noch ein Buch zu produzieren. Die Veröffentlichung des ersten Buches war alles andere als leicht für mich. Ich erinnere mich noch sehr gut daran, als die Lieferung bei mir im Office ankam. Ich öffnete den Karton, nahm ein Buch heraus und feuerte es mit voller Wucht gegen die Wand. Gleichzeitig hatte ich Tränen in den Augen und rief frustriert, dass ich lieber meine Schwester zurück und keine Schmerzen mehr hätte, als andere Menschen zum Kämpfen zu motivieren. Das war meine erste Reaktion! Nicht: «Cheers! Wo ist die Flasche? Lasst uns auf das erste Buch anstossen.»

Doch es dauerte nicht lange und ich konnte die Vision für das Buch neu in mein Herz aufnehmen. Heute bin ich unendlich dankbar, dass ich mich dieser Herausforderung gestellt habe. Tausende Nachrichten erreichten mich in der Zwischenzeit, was mein Buch alles ausgelöst hat! Krebspatienten, tankten neue Kraft, Menschen, die jemanden verloren hatten, erhielten eine neue Perspektive, Menschen machten sich zum ersten Mal überhaupt intensiv Gedanken über das Leben. Dann gab es Leute, die erstmalig die Kraft der Ruhe entdecken durften, und einige, die ihrem Leben ein Ende hatten setzen wollen, doch durch das Buch plötzlich ihre Antwort fürs Leben gefunden hatten. Wow, das ist so heftig! Ja, einige hatten sich gesagt, sie würden ihrem Leben noch eine Chance geben und erst noch dieses Buch lesen, bevor sie danach mit allem abschliessen wollten. Voller Dankbarkeit schrieben sie mir, dass sie sich nach dem Lesen neu für das Leben entschieden hatten.

Das alles konnte geschehen, weil das Buch so offen und ehrlich geschrieben wurde. Mir war wichtig, dass ich kein trockenes Theoriebuch verfasse, sondern dass es ein Buch wird, in dem sich Menschen wiederfinden - mit all ihren Fragen, ihrem Schmerz, ihren schwierigen Erfahrungen. Dass es letztlich wirklich so gekommen ist, macht mich sehr dankbar. So offen zu schreiben, mich dabei so verletzlich zu machen, hatte einen extrem hohen Preis. Aber was einen hohen Preis hat, hat meistens auch einen bedeutenden Wert. Wenn ich sehe, was das erste Buch alles ausgelöst hat, bestärkt mich das - und es berührt mich tief.

Nachdem mich unzählige Anfragen erreicht hatten, ob ich ein zweites Buch schreibe, machte ich mir immer wieder Gedanken darüber. Doch ich wollte es nur angehen, wenn ich ein klares «GO» dazu in meinem Herzen spüre. Nach einer Weile spürte ich dieses grüne Licht und ich fing an, die Idee in meinem Kopf zu bewegen. Dieses Mal sollte es ohne Verlag sein, da ich es liebe, neue Wege selbst zu entdecken. Ich wollte es so real und zeitnah wie möglich schreiben und dabei die Gedanken, die mir jetzt und hier in den Sinn kommen, gleich aufs Papier bringen. Dieses Buch, das du jetzt in den Händen hältst, entstand in den Strassen von New York, bei meinem Einsatz in den Townships von Südafrika, auf dem Lion's Head in Kapstadt, irgendwo im Nirgendwo in Tansania, am Meer bei Zypern, im Südtirol während einer dreitägigen Auszeit, in den Strassen von Budapest, in Bergregionen und an vielen anderen Orten in der Natur. Sich hinter einen Schreibtisch zu setzen, fleissig und chronologisch ein Buch zu schreiben - das war nichts für mich. Dabei war es die ganze Zeit mein Ziel, das Buch so real und lebensnah wie möglich zu schreiben. Wenn ich an den Orten schreibe, an denen ich mich gerade aufhalte, sind meine Gedanken ganz frisch und unverfälscht. Ich liebe es, in der Natur, bei einem Einsatz für Menschen in Not oder an Orten, die mich inspirieren, zu sein.

Dort, wo ich meinem Lieblingsgeräusch ganz nah sein darf - der Stille.

Erwarte deshalb bitte nicht, dass es ein supergeordnetes und perfektes Buch ist. Meine Gedanken habe ich so niedergeschrieben, wie sie meinem Herzen entspringen. Es ist gut möglich, dass ich in ein paar Monaten weitere Erkenntnisse bekomme. Das wäre absolut genial, denn ich möchte immer Neues lernen und in meinem Leben wachsen.

Dieses Buch kommt frisch aus meinem Herzen.

Es enthält viele echte, lebendige Stories. Gut möglich, dass du manche Dinge anders siehst. Der Titel sagt es bereits:

«Change your glasses».

Probiere aus, die Dinge mal durch eine andere Brille zu
sehen, eine andere Perspektive einzunehmen. Auch, wenn du
einiges anders siehst als ich, hoffe ich, dass du den einen
oder anderen Punkt für dein Leben mitnimmst. Man muss nicht
immer der gleichen Meinung zu sein. Ich glaube, es ist viel
entscheidender, einen Weg zu finden, wie man das Leben miteinander gestalten und leben kann.

Auf den folgenden Seiten kratze ich ein paar Themen nur
an der Oberfläche an, denn ich bin davon überzeugt, dass es
das Beste ist, sich über bestimmte Dinge selbst Gedanken zu
machen. Dazu gebe ich dir ein paar Anstösse mit auf den Weg.
Diese Gedanken weiterzuspinnen - in deinem Kopf und in deinem
Herzen -, darfst du dann selbst übernehmen. Nur so wirken
diese Gedankenanstösse nachhaltig.

Ich schätze es unglaublich, dass du dir Zeit
nimmst, dieses Buch zu lesen.

Möge es dir in verschiedenen Bereichen helfen, offen und
unvoreingenommen deine Perspektive zu überdenken und zu wechseln.

FLASH
BACK

Ich bin ein Träumer.
Nein, kein realitätsferner
Schwärmer, sondern ich
nehme meine Träume ernst.
Seit Jahren schon treibt mich
ein Traum an. Aber längst
ist es nicht mehr nur ein
Traum. Vieles davon ist
bereits Realität geworden.

Es ist der Traum von einer Welt, in
der Liebe gelebt wird und unser Miteinander
prägt. Eine radikale Liebe, die das Beste
erwartet, bedingungslos annimmt, sich grosszügig verschwendet und sich völlig für andere hingibt.

Eines Nachts hat Gott mir eine Vision
gegeben, wie Mode und Lifestyle ein Multi-
plikator sein können für diese Haltung.
So entstand das soziale Modelabel LOVE YOUR
NEIGHBOUR. Ich habe einfach angefangen -
ohne gross einen Businessplan zu erstel-

len. Und die Kiste ist geflogen! Ich brannte dafür, die Liebe, die ich selbst erfahren hatte, weiterzugeben, und verschenkte Shirts an Bedürftige. Gelebte Grosszügigkeit wurde ein wichtiger Bestandteil des Labels - und das breitet sich aus. Menschen, die sich ein Shirt oder ein Accessoire kaufen, tragen damit nicht nur ein stylisches Kleidungsstück, sondern verbreiten auch die Message darauf in der Welt. Allzu oft werden sie dabei selbst davon ergriffen oder es ist ihnen ein Herzensanliegen, Nächstenliebe auch ganz praktisch zu leben. Seit der Gründung von LOVE YOUR NEIGHBOUR 2013 habe ich zehntausende von Rückmeldungen erhalten, was Menschen durch die Mode und die Message erlebt haben, wie ihr Leben von der himmlischen Liebe umgekrempelt wurde, wie sie sich ausstrecken, um andere zu lieben, ihnen Wertschätzung zu zeigen und Bedürftigen zu helfen. Ich bin einfach nur berührt und sehr gespannt darauf, was noch alles kommen wird.

In so einem Frieden und einer Gelassenheit zu sein, ist nicht einfach vom Himmel gefallen. Schön wär's! Mich hat das Leben schon in jungen Jahren ziemlich gezeichnet. Bitter enttäuscht von Gott und Glauben, schickte ich ihn schliesslich aus meinem Leben fort und zog jahrelang ohne ihn durch die Welt …

Doch bis ich 13 wurde, hatte ich eine perfekte, wunderschöne Kindheit. Sie war ein Ort der Geborgenheit und Unbeschwertheit, an den ich mich später immer wieder zurücksehnte. Mit meinen Eltern und zwei älteren Geschwistern - Mario, ein Jahr älter, und Anja, drei Jahre älter - zog ich sehr häufig um. Einige Zeit lebten wir sogar in Spanien, wo mein Grossvater ein Hotel hatte und mein Vater in einem Immobiliengeschäft beteiligt war. Auch ich war damals als Neunjähriger schon kräftig in Geschäfte involviert … Immer mittwochs nämlich rannte ich noch vor dem Unterricht auf den örtlichen Markt. Zielstrebig steuerte ich auf den Obst- und Gemüsestand zu, wo der Verkäufer mich, den blonden, kleinen Buben, schon kannte. Dann kramte ich meine 25-Peso-Münze hervor, zeigte auf die wohl grösste Melone und sagte mit Hundeblick: «Ich hab nur das!» Es funktionierte: Der Verkäufer gab mir die Melone für den spottbilligen Preis und ich rannte siegessicher mit meiner Beute zum Hotel zurück. Nachdem mir mein Komplize Vincent, der Hotelkoch, mit seinem riesigen Messer die Melone in viele kleine Stücke geschnitten hatte, setzte ich mich an den Strassenrand und verkaufte die Melonenstücke. Zu einem Stückpreis, mit dem sich die gerührten Spanierinnen auch eine ganze Melone hätten kaufen können. Bevor irgendjemand etwas von meiner Aktion merkte, düste ich danach, mit der Hosentasche voller Münzen, ins Klassenzimmer zum Unterricht. Drei Togni-Generationen waschechte Unternehmer …

Zurück in der Schweiz, lebten wir dann auf einer Bauernhof. Eine absolut traumhafte Zeit!

Mit Rolfi, dem Sohn der Bauersfamilie, war ich oft schon vor der Schule im Stall am Werkeln. Wir versorgten die Kühe, die Hasen und Schweine und kletterten ausgelassen im Heuboden herum. Das Grösste war es, wenn wir mit dem Traktor mitfahren durften. Getoppt wurde das nur von dem Grossereignis, als ich zum ersten Mal selbst am Steuer sitzen durfte! Was für ein Gefühl! Damals war ich gerade mal acht und meine Beine noch nicht lang genug, um zu kuppeln. Das übernahm Rolfis Vater für mich. Von den Tieren hatten es mir die Schweine irgendwie ganz besonders angetan, und als ich in einem Jahr zu Weihnachten tatsächlich ein eigenes Schwein geschenkt bekam, war meine Freude vollkommen! Meine Amy durfte bei den anderen Schweinen im Stall wohnen. Aber natürlich war sie ein ganz besonderes Tier - sie hörte auf meine Stimme und stolz führte ich sie an der Leine zum Spazieren aus. Doch irgendwann war auch Amys Zeit gekommen und sie wurde geschlachtet. Das ist nun mal der Lauf der Dinge auf einem Bauernhof. Natürlich war ich traurig, aber vor allem behielt ich die wunderbare Erinnerung an sie. Hier, auf dem Land, erlebte ich wohl die glücklichste Zeit meiner Kindheit - und mit Rolfi zusammen schmiedete ich feste Pläne, dass wir eines Tages zusammen den Bauernhof übernehmen würden. Dieses Glück wollte ich unbedingt festhalten und zementieren. So sollte es immer bleiben.

Doch es kann anders. Sowohl das unbeschwerte Leben wie auch die Bauernhofpläne rückten ganz plötzlich in weite Ferne, als wir wegzogen und sich kurz darauf das grösste Drama überhaupt ereignete.

In einer lauen Sommernacht kam meine über alles geliebte Schwester Anja nicht von einer Feier nach Hause. Meine Mutter, die sie am Bahnhof abholen wollte, befürchtete sofort das Schlimmste. Eine S-Bahn nach der anderen passte sie ab, doch Anja kam nicht. Auch auf ihrem Handy war meine Schwester nicht zu erreichen. Aufgeregt telefonierte sich Mama die Finger wund, um schliesslich zu erfahren, was sie tief innen schon gespürt hatte: Anja würde nicht mehr nach Hause kommen. Sie war tot. Auf dem Heimweg von dieser Feier auf einem Bauernhof wurde sie an einem nahe gelegenen, unbewachten Bahnhof von einem durchfahrenden Schnellzug erfasst und starb an der Unfallstelle.

Diese Nacht änderte schlagartig alles in unserer Familie –

meine Mutter war tief gebrochen und litt unsäglich, mein Vater trug den heftigen Schmerz still in sich, Mario, mein Bruder, igelte sich ein und zog sich emotional komplett zurück. Für mich war ab diesem Zeitpunkt alles nur schwer, grau und dumpf. Meine wunderbare Familie war auf einmal ein Ort der Traurigkeit und unerträglicher Erinnerungen geworden.

Von heute auf morgen war meine Kindheit beendet.

Plötzlich fand ich mich in eisiger Kälte und Verlassenheit wieder. Die Trauer drückte mich monatelang runter, lange konnte ich nicht in die Schule gehen, mich kaum bewegen. Unzählige Stunden verbrachte ich am Grab meiner Schwester – redete mit ihr, erzählte ihr, wie sie mir fehlte, sang Lieder und hörte Musik von Xavier Naidoo, Curse, Bligg oder Kool Savas, ja einfach Musiker, die wir beide so geliebt hatten, machte dort bei ihr sogar meine Hausaufgaben und übernachtete ab und zu auf der Friedhofsbank. Anja war für mich der liebste Mensch auf Erden gewesen, ein grosses Vorbild im Glauben, in der Sensibilität, wie sie mit anderen umging und für sie da war. Sie war die Freundlichkeit und Liebe in Person.

Wie um alles in der Welt sollte ich nur ohne sie leben? Was tun mit dem gähnenden Abgrund, den ihr Tod in mein Leben gerissen hatte? Meine Hilflosigkeit und Verzweiflung schlugen allmählich in Wut um - Wut auf Gott.

Wie hatte er zulassen können, dass ihr - ausgerechnet ihr - so etwas Schlimmes passierte? Wenn er doch ein liebender Gott war, wieso hatte er diesen Unfall dann nicht verhindert? War er nicht allmächtig? Warum mussten wir so unter ihrem Verlust leiden? Warum meine Familie zerbrechen? Schliesslich war mein Zorn so aufgeladen, dass ich dem Glauben in einer dramatischen Szene den Laufpass gab und diesen Gott da oben anschrie: «Geh' aus meinem Leben. Mit so einem Gott möchte ich nichts mehr zu tun haben!» Für kurze Zeit fühlte sich dieser «Befreiungsschlag» wie ein Neuanfang an. Doch das Leiden ging weiter und wurde nur schlimmer. Aber immerhin musste ich die verwirrende Frage, wie Gott und das Leid zusammenpassten, in meinem 13-jährigen Hirn nicht weiter wälzen.

Zunehmend mied ich mein Elternhaus. Die Familie meiner damaligen Freundin wurde mir zum Ersatz. Hier konnte ich aufatmen und Normalität tanken, die auch nach einigen Jahren bei uns zu Hause noch nicht wieder eingekehrt war. Wie auch! Nach aussen hin stabilisierte ich mich immer mehr - doch der dumpfe, tiefe Schmerz in mir blieb. Still machte sich eine dunkle Todessehnsucht in mir breit, von der ich niemandem erzählte. An Anjas drittem Todestag - ich war gerade 16 Jahre alt geworden, so alt, wie sie war, als sie starb - fuhr ich, wie schon die beiden Jahre zuvor, zum Unglücksort. Innerlich bebend wartete ich den Schnellzug ab, der sie damals erfasst hatte. Ich war fest entschlossen, dass ich nicht weiterleben

wollte ohne sie. Nicht länger auf dieser Welt sein wollte, als
sie es gewesen war. Als der Zug um die Kurve bog, sprang ich
blind auf die Schienen. Doch irgendetwas riss mich nach hinten, weg vom Zug. Als ich nach einer Weile wieder zu mir kam,
konnte ich nicht fassen, was da passiert war. Was hatte mich
von den Gleisen weggezogen?

Da hörte ich eine feste, deutliche Stimme:
«Steh' auf, du musst etwas ändern!»

Verstört blickte ich mich um. Niemand war auf dem Bahn-
steig zu sehen, weit und breit keine Menschenseele. Sprach da
etwa Gott zu mir, ein Engel oder war dies eine Einbildung?
Die Worte waren voller Autorität und Klarheit. Doch was ich
wusste: Das stimmte. Ich musste losgehen und etwas ändern.
Auch Anja zuliebe - ich wollte weiterleben. Mit und trotz des
Schmerzes.

So manövrierte ich mich durch die Jahre in der kaufmän-
nischen Berufsschule. Während meiner Suche, wer ich bin und wo
mein Platz ist, flatterte mein Marschbefehl zum Militärdienst
herein. Der Gedanke griff, dass ich Karriere in der Armee machen würde. So als richtiger Mann zeigen, dass ich das Zeug
dazu hatte, es zu etwas zu bringen. Euphorisch trat ich die
Rekrutenschule in Thun an. Doch als mir bei einem Eilmarsch
ein Kamerad mit voller Wucht im Schützengraben in den Rücken
sprang, waren meine heroischen Pläne schnell gestorben. Die
Röntgenbilder überzeugten meine Ausbilder und die Vorgesetzten
davon, dass ich keine Zukunft beim Militär hatte. Nach gerade
mal 29 Tagen war mein Traum hier also beendet. Am Boden
zerstört fragte ich mich, was bloss aus mir werden sollte.

Über meinen Bruder kam ich zu einem Headhunter, der mich
in die Finanzdienstleisterbranche vermittelte. Beim Vorstel-
lungsgespräch vor Ort in Zürich war ich schnell Feuer und
Flamme. Mit meinen 19 Jahren schienen mir die Möglichkeiten,
die sich für ehrgeizige, gute Mitarbeiter hier boten, vielver-
sprechend. Aufstiegschancen, ein klares Lohn- und Belohnungs-

system, Anreize, Reisen, Gewinne und Luxus für die erfolg-
reichsten Mitarbeiter … Ich biss an und nur kurze Zeit später
startete ich im Allgemeinen Wirtschaftsdienst als neuer
Mitarbeiter durch. Jetzt konnte ich beweisen, was ich drauf-
hatte, und arbeitete, was das Zeug hielt. In einem Umfeld,
in dem zwischen den einzelnen Teams im Büro, aber auch unter-
einander, eine starke Konkurrenz herrschte, setzte ich mich
erfolgreich durch. Reden und Verkaufen lagen mir, so gelang
es mir schnell, viele Produkte an den Mann zu bringen. Jeden
Morgen konnte man auf einer Umsatzübersicht sehen, wo man
gerade im Vergleich zu den anderen stand. Oft stand ich
siegessicher lächelnd vor dem Aushang. Regelmässig wurden die
Besten vor allen Augen geehrt und mit Champagner gefeiert.
Wer wie ich bereit war, Tag und Nacht hart zu arbeiten, und
dabei Geschick im Vermitteln von Finanzdienstleistungen
zeigte, konnte es weit bringen. In nur wenigen Monaten war
ich einer der sieben «Newcomer of the Year», trieb die
Umsätze meines Teams in die Höhe und gewann Preise. Mein
monatliches Einkommen lag nicht selten in einem wunderbaren
Bereich und ich leistete mir einen fetten Porsche. Noch keine 20 Jahre alt … Genüsslich schwamm ich auf der Erfolgswelle, liess es mir so richtig gutgehen und sahnte weiter ab. Ein
Preis für meine Leistungen war eine Reise nach Monaco mit
einigen anderen Top-Mitarbeitern. Diese Tage lebten wir wie
die Könige in Monte Carlo, lernten unglaubliche Leute kennen
und zogen durch die exklusiven Bars, tanzten die Nächte durch
und gossen Schampus die trockenen Kehlen hinunter, der zum
Teil so teuer war wie ein normales Monatsgehalt.

Es war wie ein Rausch.

In diesen Jahren veränderte ich mich äusserlich und
innerlich stark. Meinen Anzug zog ich quasi gar nicht mehr
aus, meine Haare lagen immer perfekt nach hinten gegelt.
Accessoires, Auto und Lifestyle zeigten unzweideutig: Ich
hatte Erfolg und Geld. Ich war einer der wenigen Überflieger,
sagte man mir, ja, ein Paradebeispiel für einen Senkrechtstar-
ter und Erfolgstypen. Bereits mit 20 hatte ich fast alles

erreicht, was ich mir zur dieser Zeit wünschte. Doch Zeit
hatte ich im Grunde keine mehr. Viele Bekannte und Freunde
zogen sich von mir zurück, einige hatte ich auch mit meiner
Art angeekelt oder es war hier und da auch aus Eifersucht.

Doch wenn ich in ruhigen Momenten hinhorchte, spürte ich
die leisen Zweifel an dem, worauf ich hier gerade mein Leben
aufbaute. Vor allem nachts spürte ich eine ansteigende Unruhe,
wenn ich partout nicht in den Schlaf fand. Und dann kam wieder
die Trauer um Anja, die bohrende Frage nach dem Mehr in Leben
und wer ich eigentlich bin an die Oberfläche.

Eines Nachts sass ich, nach einer Feier bei meinem Bruder, bedrückt im Auto. Wie Schuppen fiel es mir plötzlich von
den Augen, wie leer es in mir aussah und wie mir jede Freude
am Leben fehlte. Obwohl ich doch äusserlich alles hatte.

Da beschloss ich, ein paar Dinge zu ändern und
mich auf die Suche zu machen.

So begann ich, Kirchen zu besuchen, um zu schauen, ob es eben
doch mehr gab im Leben.

Ich konnte es nicht fassen, doch auf dieser Reise erlebte ich, wie sich Ruhe in mein Herz legte und auch meine Nächte besser wurden. Auch auf der Arbeit begann ich mit Kollegen
über die Veränderungen zu sprechen.

Auf dieser Reise fand ich wunderbare Menschen, mit denen
ich meinen Glauben und die Begeisterung teilen konnte. Leute
die mir halfen zu wachsen oder auch Dinge in meinem Leben aufzuräumen. Gleichzeitig lud ich voller Freude über diese bedingungslose Liebe, die ich gefunden hatte, Freunde und Bekannte
in die Gottesdienste ein, die oft ebenso ergriffen waren, wie
ich es war.

Es dauerte nicht lange, da wurde mir klar, dass ich in
meinem Leben aufräumen und neue Prioritäten setzen musste.

Da war die Beziehung zu meiner Freundin, die ich beenden musste. So sehr ich an ihr hing, so deutlich sah ich jetzt, dass ich hier eine Zäsur setzen und neu anfangen musste. Es war alles andere als leicht, sogar ein richtiges Drama, ja es war einfach nur schrecklich. Doch ich merkte, dass ich jetzt einfach mein Leben aufräumen musste. Direkt am nächsten Tag zog ich von zu Hause aus und liess das alte Leben, das ich mit ihr geteilt hatte, hinter mir. Das war eine der härtesten Situationen, die ich in meinem Leben erlebt habe!

Dann war da die Frage, ob ich weiterhin in der Finanzbranche bleiben sollte. Unglaublicherweise erhielt ich ein Zeichen wenige Tage später, als mein Chef mein Büro betrat und mir eine Kündigung unter die Nase hielt. Ohne zu zögern unterschrieb ich - zum grossen Entsetzen meines Vorgesetzten, der lediglich meine Identifikation mit meiner Arbeit testen wollte. Aber diese schräge Aktion war für mich Fingerzeig Gottes genug. So packte ich noch am selben Tag meine Sachen und kehrte der Finanzwelt den Rücken. Mit Sicherheit hätte ich auch hier einen Unterschied machen können, mit dem Herzen am rechten Fleck und meiner richtigen Identität. Aber es war für mich Zeit, zu gehen. Gespannt wartete ich, was sich ergeben würde.

Doch dann passierte erst einmal etwas völlig Unerwartetes:

Wie aus heiterem Himmel bekam ich starke Schmerzen beim Atmen, hustete heftig in der Nacht, teilweise mit Blut. Man stellte einen Schatten auf meiner Lunge fest, möglicherweise ein Tumor. Diese Nachricht haute mich um. Ich hatte das Gefühl, als würde ich einmal neu ins Bodenlose fallen. Wie konnte das sein, mit meinen gerade mal 22 Jahren? Was soll das? Jetzt komme ich zurück in das ruhige Leben, dachte ich, bringe Dinge in Ordnung und dann so eine Diagnose? Ich verstand die Welt nicht mehr. Wieder befand ich mich an einer Weggabelung. Wie damals, als ich in all dem Leid um Anjas Verlust total zumachte, weil ich nicht mehr glauben konnte, dass es trotz allem gut wird. Doch diesmal traf ich die

bewusste und schwere Entscheidung: «Ich will vertrauen.»
Dort auf der Lichtung im Wald, wo ich kniete, erfüllte mich
plötzlich ein tiefer Friede.

Ich wusste - egal, was nun kommen würde, ich
war in guten Händen.

In den kommenden Tagen beteten viele Leute für mich und
sandten ihre positiven Gedanken in den Himmel. Als ich wenig
später zu weiteren Untersuchungen beim Arzt war, stellte
dieser beim Blick auf die Röntgenbilder verblüfft fest, dass
da nichts mehr zu sehen war. Einfach weg! Kein Schatten mehr
da! Ich atmete tief durch, ein kalter Schauer lief mir über
den Rücken. Dieser Moment in der Arztpraxis stärkte mein
Vertrauen enorm.

Das sollte ich auch brauchen, denn der nächste
Schocker liess nicht lange auf sich warten.

2011 zogen mir unfassbare Rückenschmerzen den
Boden unter den Füssen weg. Ich konnte nicht mehr gehen
und auch die Schmerzen waren kaum auszuhalten. Schliesslich
lautete die Diagnose: Bandscheibenvorfall. In meinem zarten
Alter? Jetzt begann ein mehrjähriges Martyrium an Therapien,
Operationen, Rehas, Schrauben in der Wirbelsäule, starken
Schmerzmitteln, Physiotherapie … Teilweise hatte ich furcht-
bare Albträume durch die Medikamente, oft kam es vor, dass ich
frühmorgens mit nicht auszuhaltenden Schmerzen aufwachte
und es einfach keine Möglichkeit gab, sie loszuwerden. Mich
quälte, dass ich so eingeschränkt war - Sport, den ich so
liebte, konnte ich kaum noch machen. Snowboarden, Radfahren,
Joggen, Krafttraining - all das war nicht mehr drin. Diese
ständigen Schmerzen prägten von jetzt an mein Leben und meine
Lebensqualität. Es wurde zu meinem täglichen Kampf, mich
nicht geschlagen zu geben, sondern dem Tag trotzdem etwas
abzugewinnen. Ja, einfach dankbar zu sein. Auch mit meiner
Beeinträchtigung konnte ich für andere da sein, ja, ich konnte
anderer helfen, auch wenn es einfach freundliche Worte waren.

Oft unter Tränen lernte ich die harte Lektion, von mir
wegzusehen und zu vertrauen.

Ich galt als 100 Prozent arbeitsunfähig und neben der
Herausforderung, wie ich ganz praktisch den heutigen Tag mit
den Schmerzen überstehen sollte, stand die Frage erneut
riesengross im Raum, was jetzt eigentlich noch kommen sollte.

Dann erhielt ich im Mai 2013 die nächtliche Vision von
LOVE YOUR NEIGHBOUR. Völlig geflasht von dieser Möglichkeit
und dass sie mir anvertraut wurde, machte ich mich an die
Arbeit, wir entwarfen die ersten Shirts und ich startete das
Ding. So viele wunderbare Dinge passierten danach - das
begann bereits in den ersten Wochen: Dass ich bei einem Wett-
bewerb für Jungunternehmen gewann und auf dem Züricher Flughafen ausstellen und verkaufen konnte. Dass Medien über LOVE
YOUR NEIGHBOUR berichteten und das Label immer bekannter
wurde. Natürlich war ich auch in sozialen Medien viel unterwegs und innerhalb kürzester Zeit hatte ich zigtausende
Follower.

Von Anfang an war mir wichtig, dass wir ein gebendes
Unternehmen sind und viele Shirts nahm ich auf Städtetrips
mit und verschenkte sie. Obdachlose liegen mir seit meiner
Kindheit ganz besonders am Herzen und ich hatte viele wunderschöne Begegnungen. So zum Beispiel mit Peter in London:
Ihm begegnete ich am Eingang einer Underground-Station. Ich
hockte mich zu ihm und fragte, ob er ein Shirt haben wolle.
Gerne ging er darauf ein. Ich erzählte ihm, was es mit
dieser gewaltigen Liebe auf sich hatte. Peter hörte mir bewegt
zu, seine Augen glänzten. Schliesslich wollte er diesen Gott
besser kennenlernen und ich durfte für ihn beten. Als ich
am nächsten Tag dort wieder vorbeikam, hörte ich jemanden
rufen: «David, David!» Ich drehte mich um und sah Peter auf
mich zustürmen. Wir redeten eine Weile und dann fragte ich,
ob ich noch einmal was machen könne für ihn. Daraufhin Peter:
«Nein, David. Seit gestern ist der Himmel über mir offen.
Heute habe ich etwas für dich, ich möchte für dich beten.»

Tief berührt und mit Tränen in den Augen stand ich da, mitten in London, während mein neuer Freund von der Strasse für mich betete.

Nicht lange, nachdem LOVE YOUR NEIGHBOUR ins Leben gerufen war, bekam ich auch die erste Gelegenheit, meine Story an verschiedenen Orten zu erzählen und die Leute zu ermutigen.

Dann veröffentlichte ich mein erstes Buch: LOVE YOUR NEIGHBOUR. Es geht nicht um mich, aber es ist meine Geschichte.

Die Vision zog immer weitere Kreise, tatsächlich entstand eine Bewegung von immer mehr Leuten, die angesteckt wurden von dieser gebenden, grosszügigen Liebe.

Ich war überwältigt.

In diesen Jahren war noch etwas Wunderbares geschehen: Ich hatte Elena kennengelernt. Eine bildhübsche junge Frau, mit sanftem, aufrichtigem Wesen, liebend und einem reinen Herzen. Sie faszinierte mich und bald wurden wir ein Paar. Gemeinsam durchlebten wir die Höhen und Tiefen mit meiner Rücken-Odyssee und der Gründung von LOVE YOUR NEIGHOBUR. Im Sommer 2017 gaben wir uns das Ja-Wort, ein Leben lang füreinander Dasein zu wollen. Es ist unglaublich stark zu erleben, was für eine Power eine ernst gemeinte Beziehung auslöst!

Wir haben einiges hinter uns und viel vor uns.

01

ERFOLG

Ganz viele Menschen fragen mich: David, was ist dein Erfolgsgeheimnis? Ja, ich merke, manche Menschen wünschen sich so sehr, das Geheimnis für ihren persönlichen Erfolg zu finden. Einige nehmen dafür sogar enorme Anstrengungen auf sich, doch trotzdem scheitern sie oft. Ich frage mich, warum manche vergeblich für einen Erfolgsmoment arbeiten. Könnte es sein, dass ihnen die Motivation fehlt, sich einzusetzen für etwas, was ihnen auch Freude und Frieden gibt? Könnte es sein, dass sie an den falschen Orten suchen? Dass das «WARUM?», also der Antrieb, warum man etwas macht, was einen bewegt, eventuell zu schwach oder gar nicht vorhanden ist?

Zunächst stellt sich die Frage: Was ist überhaupt Erfolg? Bedeutet Erfolg, wenn man in seinem Job viel Cash verdient, aber die Kinder oder Freunde so gut wie nie sieht? Man aus Zeitnot vor der Geburtstagsfeier eines Bekannten noch kurz in den letzten Store reinrennt, am besten noch Blumen mit einem Sticker vom Floristen um die Ecke holt? Oft habe ich Menschen gesehen, bei denen ich dachte: «Wow, bei diesem Typ läuft es aber richtig gut» – um kurze Zeit später zu erfahren, dass er nicht ruhig einschlafen kann und in seinem Umfeld so ziemlich alles zerstört hat. Ist das Erfolg?

Persönlich glaube ich, dass sich die wertvollsten Eigenschaften, die nachhaltigen Erfolg ausmachen, an einem ganz bestimmten Ort finden lassen. An einem Ort, an dem die meisten vermutlich nicht als Erstes nachsehen würden: in ihrem Herzen.

Was wäre, wenn unser Traum oder unsere Vision, bei der wir uns Erfolg wünschen, aus einem dankbaren Herzen entstehen würde, aus einem tiefen inneren Frieden?

Anstatt aus einem Gefühl, dass uns noch etwas fehlt oder wir noch etwas brauchen, um uns profilieren zu können. Oder wenn unser Antrieb sogar der ist, dass wir uns sehnlichst Gerechtigkeit für eine bestimmte Situation wünschen, und Liebe und Empathie uns dazu antreiben, eine Veränderung der Umstände zu erreichen?

Wenn wir einem solchen tiefen Wunsch in uns nachspüren und ihm Raum geben, wissen wir zunehmend, was wir wollen. So ein Ziel, das aus unserem Herzen kommt, gibt Sinn. Der Antrieb, WARUM wir etwas tun, ist dann stark und nachhaltig. Schliesslich wird dieser Wunsch, etwas zu bewirken, so kraftvoll, dass wir uns auch dem Gegenwind stellen und ihm sogar etwas abgewinnen. Dann werden wir bei Sturm Windmühlen aufbauen und diese Naturgewalten zu unserem Zweck nutzen, anstatt Schutzhütten zu errichten, um uns verängstigt zurückzuziehen.

Jeder kann Träume haben oder Visionen kreieren. Einfach jeder. Dazu braucht man nicht gleich eine eigene Firma oder einen Verein zu gründen. Vielleicht ist es deine Vision, eine Kultur der Ehre und Wertschätzung an deinem Arbeitsplatz zu gestalten, dass du derjenige bist, der die Menschen dort immer wieder ermutigt und durch kleine, feine Gesten andere ehrt. So eine Person ist für mich einfach nur ein Held und sehr erfolgreich!

Für Erfolg gibt es ein paar Schlüssel – oder wenn man so will, Rezepte. Geheim sind die allerdings nicht. Eins davon ist «Regelmässigkeit». Um Disziplin kommt man nicht herum, um erfolgreich unterwegs zu sein. Wenn du eine Veränderung erreichen möchtest, tue regelmässig das, was es dazu braucht. Bist du ein Sportler und willst einen Triathlon bestreiten, musst du regelmässig trainieren. Das leuchtet ein. Wenn du unbedingt aufs Podest willst, musst du noch viel mehr trainieren, unter anderem auch das Mentale – deine Gedanken, die sich ganz auf dein Ziel fokussieren und innere Blockaden überwinden lernen.

Oder stell dir vor, du bist ein Weinbauer und schneidest deine Reben nur alle paar Jahre zurück. Weisst du, was dann passiert? Du wirst einige Kunden verlieren, und zwar nicht, weil der Wein nicht mehr gleich gut schmeckt, sondern, weil du gar keinen mehr haben wirst, um ihn verkaufen zu können. Ein Weinstock muss beschnitten und gepflegt werden, damit Trauben wachsen und reifen.

Vielleicht denkst du, ein oder zwei Mal eine gute Tat an einem Ort zu vollbringen, reicht, und die Kultur wird sich für immer verändern. Glaub mir, es gibt Menschen, die sind seit Jahren an einem Ort und kämpfen und leben für Veränderung einer Kultur. Im Laufe der Jahre haben sie begriffen, dass sie persönlich die Veränderung sein müssen und ihre Mitmenschen nicht ändern können. Doch sie können es kontinuierlich vorleben.

Der zweite Schlüssel liegt im Wort Erfolg selbst. Es besteht aus zwei Teilen: «Er» und «folg». Was ist, wenn wir Erfolg ab jetzt so definieren, «Er» (oder auch sie) folgt dem persönlichen «Warum?», also dem inneren Antrieb für den persönlichen Traum. Unser Antrieb muss so stark sein, dass wir keine Ausreden mehr zulassen, sondern motiviert dem nachgehen, was wir vor Augen haben.

Ehrlich gesagt, habe ich mich selbst so oft dabei ertappt, dass ich zwar stark motiviert war, etwas zu bewegen – aber bei den ersten Widerständen habe ich aufgegeben. Warum? Ja, genau, ich hatte kein wirklich tragfähiges, nachhaltiges «Warum?»! Meine Motivation war höchstens, Geld zu verdienen. Ja, bravo! Diese Motivation gehört wohl nicht wirklich in die Kategorie «reiner Traum und starke Vision». Leider habe ich mich – und vielen anderen geht es glaube ich genauso – immer wieder dabei erwischt, wie Geld der persönliche Motivator war, etwas umzusetzen. Auf lange Sicht trägt dieser Motivator allerdings nicht.

Als ich mit dem Social Fashion Label LOVE YOUR NEIGHBOUR (LYN) angefangen habe, dachte ich nie ans Geld. Hätte ich das gemacht, hätte ich nicht mal gestartet. Um beginnen zu können, hatte ich gerade mal 3800 Franken. Vorher hätte ich eher im Casino alles auf Schwarz oder Rot gesetzt, da wäre die Chance immerhin 50:50 gewesen, dass ich mit einem Gewinn rausgekommen wäre. Doch mit LOVE YOUR NEIGHBOUR war mein persönliches «Warum?» so stark, dass ich gesagt habe: «Hey, ich möchte einen Kulturwandel sehen und ich bin bereit, diesen Preis zu bezahlen.» Hätte ich von Anfang an gewusst, wie hoch der Preis ist, hätte ich es garantiert nicht gemacht! Ganz ehrlich. Doch mein «Warum?», der Antrieb, warum ich gemacht habe, was ich gemacht habe, wurde während der Aufbauphase immer stärker und das passierte auch mit meinem Charakter.

Diese Situation kann man damit vergleichen, wenn man im Nebel unterwegs ist: Man sieht immer nur ein paar Meter, doch wenn man sich kontinuierlich nach vorne bewegt, öffnet sich die Sicht auf den nächsten Meter. Einige Schritte macht man ganz vorsichtig, andere rein im Vertrauen, manchmal lichtet sich der Nebel ein bisschen. Aber man kommt stetig vorwärts und irgendwann klart der Himmel kurz auf und man sieht erstaunt, welche – teils steile oder gefährliche – Wegstrecke man schon bewältigt hat.

Als nach vielen Nebelschritten dann die ersten Medien über LYN und mich berichtet haben, war ich sehr dankbar, aber dann begann auch Gegenwind aufzukommen. Mein «Erfolg» löste bei einigen Eifersucht und Neid aus. Diese Reaktion ist so menschlich und hat, wie so vieles, viel mehr mit der Person selbst und ihrem eigenen Selbstwert zu tun. Viele sehen nicht die Mühe, den Schweiss und die Tränen, die es kostet, scheinbar erfolgreich in der Öffentlichkeit zu stehen. Allzu schnell sehen sie nur die Früchte bei anderen und beginnen, diese zu begehren. Das ist ein grosser und fataler Fehler.

Wenn du von Menschen lernen möchtest, darfst du nicht nur die Früchte betrachten. Du musst tiefer schauen und nach den Wurzeln suchen. Nur dort kannst du etwas lernen. Bis heute ist mein persönliches «Warum?», also die Wurzel, die bei mir hinter LYN steht, die gleiche geblieben. Dass ich sehen möchte, dass eine Kultur der Nächstenliebe um sich greift und Veränderung

bringt. Auch durch Erfolg und mediale Aufmerksamkeit hat sich daran nichts geändert.

Leider ist es meine Erfahrung, dass man schnell kritisiert wird, wenn man eine Herzensgeschichte in ein Geschäftsmodell integriert hat. Für unseren Breitengrad scheint es nicht so logisch, dass man die Bereiche «Soziales» und «Geschäft» kombiniert. Entweder ist man ein «Sozi» oder der «Businessdude». Hier wäre ein Umdenken so erfrischend und könnte so vieles erreichen. Doch damit so ein neues Denken in uns stattfinden kann, muss eine Bereitschaft da sein, unseren Gedankenhorizont zu sprengen und zu erweitern. Das bedeutet ganz konkret: Altes loslassen. Oder wie es meine Oma so schön sagt: «GEWIN-NEN HEISST LOSLASSEN.»

Mein Herzenswunsch war, ist und bleibt: DIE KULTUR ZU VERÄNDERN – JEDER AN SEINEM PLATZ. Denn jeder erreicht ganz andere Menschen. Du erreichst eventuell den Banker in deiner Strasse oder die Studentin von nebenan und ich eventuell den Bäcker auf dem Land.

Seit Anfang 2013, als ich LOVE YOUR NEIGHBOUR gestartet habe, ist so viel passiert. Am Anfang haben wir nach jedem zehnten Shirt, das verkauft wurde, ein Shirt genommen und es an einen Obdachlosen verschenkt. Kurze Zeit später jedes fünfte Shirt und dann jedes dritte. Dann kamen viele Accessoires dazu und wir entschieden uns, vom gesamten Gewinn 12 Prozent weiterzugeben. Nach vier Jahren LYN war es soweit und es wurde zusätzlich die LYN FOUNDATION – LOVE YOUR NEIGHBOUR gegründet. Eine Stiftung, die sich auf die Fahne geschrieben hat, dem Nächsten im In- und Ausland Gutes zu tun. Heute fliessen mindestens 12 Prozent des Gewinns der LOVE YOUR NEIGHBOUR GmbH in die LYN FOUNDATION.

Das, wovon ich hier schreibe, hat mit einem grossen Traum begonnen. Dem Traum, dass eine Kultur verändert und dass Nächstenliebe ansteckend wird. Der Grund dafür, dass es mir heute immer noch so Freude macht, sind die Menschen, die dahinterstehen, die stetig dranbleiben und den Traum mit Freude im Herzen tragen. Und natürlich Tausende von Menschen, die es lieben, diese Botschaft von der Nächstenliebe in die ganze Welt zu tragen. Das motiviert mich immer wieder neu.

Je mehr Produkte bei LOVE YOUR NEIGHBOUR verkauft werden, desto mehr kann ausgebaut und in die LYN FOUNDATION gespendet werden. Der letzte Jahresbericht hat ergeben, dass wir nicht einfach die angestrebten 12 Prozent des Gewinns, sondern insgesamt sogar 38 Prozent (21 Prozent Charity, 14 Prozent Streetwork, 3 Prozent Verschiedenes) der Einnahmen verschenken durften. Mich hat das völlig überwältigt. Aber ja – irgendwo fängt man an. Was klein aussieht, kann wachsen, wenn man treu Schritt für Schritt weitergeht. Auch im Nebel. Wie gesagt, regelmässig laufen und damit die Muskeln trainieren, ist ein Geheimnis. Nie werden wir einen hohen Berg erklimmen, wenn wir nicht genug Kraft haben, einen Hügel zu bezwingen. Doch jeder einzelne Schritt auf das Ziel zu ist ein Erfolgsmoment. Wir müssen von dem Gedanken wegkommen, nur die Spitze des Berges als Erfolg zu betrachten, denn sonst landen wir in ganz verkehrten Verhaltensmustern. Und geben vermutlich ziemlich bald auf.

Erfolg findet auf zwei Ebenen statt: beruflich und privat. Erfolg im Ganzen kann die Summe von mehreren Faktoren sein. Schön ist, wenn der Charakter mit dem Erfolg mitwächst, was leider nicht selbstverständlich ist. Meistens jedoch ist das der Fall, wenn sich Menschen bewusst Zeit nehmen und mit einem gesunden Wachstum innerlich mitgehen, anstatt auf Biegen und Brechen etwas erzwingen zu wollen. Es gibt Menschen, die werden ohne irgendeinen Einsatz mit Erfolg gesegnet. Aber diese Erfolge sind wie Sternschnuppen: Sie tauchen in Lichtgeschwindigkeit auf und verschwinden genauso schnell wieder. Lasst uns Menschen sein, die jede Kleinigkeit schätzen und so Schritt für Schritt mit dem Erfolg mitwachsen. Denn so sind wir auch ready und bleiben weiter dran, wenn es gerade mal nicht wie am Schnürchen läuft.

02

GEDANKEN

GEDANKEN

Wie realistisch war es, dass es eine elektrische Lampe gibt, die Licht macht? Natürlich bevor Mister Edison sie erfunden hat. Wie realistisch war es, dass Kleider über das Internet bestellt werden können? Natürlich bevor Tim Berners-Lee das World Wide Web erfunden hat.

ES WAR ABSOLUT UNREALISTISCH! Stell dir vor, Mister Edison hätte die Glühbirne nie erfunden, dann hätten wir bis heute nur Kerzenlicht. Wobei das eigentlich ein schöner Gedanke ist – ich liebe Kerzenlicht. Aber mit Kerzenlicht Autofahren funktioniert auch nicht so richtig. Was ich sagen will: Fast alle Dinge auf dieser Welt bleiben so lange unrealistisch, bis sich jemand traut, seinen Traum zu verwirklichen oder die Vision in die Tat umsetzt. Am Anfang kann die Idee ganz unwichtig scheinen. Doch es ist möglich, dass sie bald einen nachhaltigen Unterschied macht. Deshalb ist es so wichtig, dass wir mehr Zeit, Regelmässigkeit und Vertrauen einsetzen, um unsere Ideen und Visionen zu verfolgen. Wir können noch gar nicht absehen, was einmal Weltbewegendes daraus entstehen kann!

Damit sind wir auch schon mitten im Thema dieses Kapitels. Fast alles beginnt in unserem Kopf. Dort finden permanent unglaubliche Szenarien statt. Wie spannend wäre es, so ein Gehirn mal von innen zu betrachten! Mit Sicherheit wären wir überrascht, wie viel «Müll» wir dort drin finden. Manchmal spricht man mit Menschen und merkt dabei schnell, dass bei dem, was jemand sagt, relativ viel davon «Müll» ist. Dann kann man eins und eins zusammenzählen und sich ausrechnen, womit dieser Mensch seine Gedanken füllt!

Ja, das, womit wir uns umgeben, befassen, was wir lesen oder wem wir zuhören, kommt ganz schnell dort hinein. Und wir allein sind verantwortlich dafür, was sich in unserem Kopf einnisten darf, niemand sonst. Auch wenn wir das tatsächlich ab und zu denken oder gern denken würden. Ich bin überzeugt, dass es einen Punkt im Leben gibt, an dem man Verantwortung für sein Denken übernehmen muss. Manche kommen freiwillig an diesen Punkt, andere dann, wenn das Leben es so will. Doch ich denke, dass es unglaublich wichtig ist, dass wir bewusst mit unseren Gedanken umgehen und wir Ruhe und Frieden da reinbringen. Hierfür gibt es verschiedene Möglichkeiten und jeder soll sich seinen eigenen Weg suchen.

Mir ist noch in deutlicher Erinnerung, wie viele Menschen mich am Anfang, als ich das Kleiderlabel LOVE YOUR NEIGHBOUR gegründet habe, kritisch fragten: «Wer will denn ein Produkt mit dieser Botschaft aufgedruckt?» Hätte ich auf diese Gedanken gehört, wäre ich heute nicht da, wo ich bin. Zehntausende Stories hätten nicht erzählt werden können, was Menschen mit den Produkten erleben. Da gibt es den einen, der sich verpflichtet fühlt, an den Tagen, an denen er das Shirt trägt, grosszügig zu sein, und die andere, die an diesen Tagen in der Metro bewusst keine Musik hört und schaut, wo Menschen offen sind für ein Gespräch. Und viele, viele mehr.

Unsere Gedanken können sehr starke Auswirkungen haben. Sie können uns entmutigen oder motivieren. Wenn wir an den Punkt kommen, dass wir unsere Gedanken einigermassen im Griff haben, erleben wir so etwas wie einen neuen Frühling im Herbst. Ja, aus Asche kann da plötzlich Gold werden. Aus negativen Gedankenmustern, die man entlarvt hat, kann man Dankbarkeit oder Zufriedenheit entwickeln. Aus dem Verurteilen anderer kann eine bewusste Entscheidung für Wertschätzung und Lob werden. Bestimmt ist es schwierig, wenn man sich noch nie bewusst mit seinen Gedanken beschäftigt und noch nicht ausprobiert hat, welchen Einfluss man damit auf sein Verhalten nimmt. Doch unsere Umstände oder unsere Prägung sollen nicht unser Leben bestimmen. Es lohnt sich, wenn wir uns mit dem, was in unserem Kopf passiert, auseinandersetzen.

Seit mehreren Jahren bin ich mit meinem Rücken am Kämpfen: zwei Operationen, Opiate und Morphium zum Frühstück und Abendessen, mehrere Reha-Aufenthalte. Wenn ich zurückdenke, habe ich in der ersten Zeit der Krankheit wohl alles geglaubt, was die «Götter in Weiss» gesagt haben, habe mich von ihren Gedanken und Aussagen wie ein Segel im Wind herumtreiben lassen. Doch da war plötzlich ein Oberarzt in einem Spital, der mir gesagt hat: «Herr Togni, übernehmen sie ihre Krankheitsgeschichte selber!» Hui, das sass, denn ich war gerade mal 26 Jahre jung. All meine Lieblings-Freizeitbeschäftigungen mussten begraben und meine damalige Berufskarriere unterbrochen werden und dann hörte ich auch noch, dass ich es selbst in die Hand nehmen sollte. «Ist das nicht euer Job?», fragte ich mich.

NEIN, es war Noch Ein Input Nötig – und zwar mein eigener!

Dann entschloss ich mich ganz bewusst, meine Gedanken zu prüfen. Dabei merkte ich, dass ich die Gedanken der Ärzte zu meinen gemacht hatte. Als einer mir sagte, dass ich nie wieder einen Gipfel besteigen könnte, glaubte ich das. Natürlich meinte er es nicht böse, allerdings war dieser Gedanke von ihm nicht ausgereift. Aber ich habe mich dazu entschlossen, dass ich wieder einen Berg besteigen möchte. Also habe ich das kurze Zeit später mit einem Freund, der ebenfalls Rückenprobleme und eine Operation hinter sich hatte, umgesetzt. Wir brauchten zwar etwas mehr Zeit als gewöhnlich, aber wir haben es gepackt! Schritt für Schritt gingen wir in unserem Tempo und machten diesen

Aufstieg zu unserem eigenen Weg. Wäre das vorher realistisch gewesen? Vermutlich nein! Aber als wir uns entschieden hatten und es umsetzten, wurde es zur Realität. O ja, alles beginnt zwischen unseren Ohren. Die einzige Gedankengrenze ist unser Schädel.

Hierzu passt noch eine andere Erfahrung: Als ich einmal mit Freunden im Urlaub auf Mallorca war, ging es mir plötzlich absolut nicht mehr gut. Schwindelanfälle, Übelkeit und komische Reaktionen auf der Haut. Also entschied ich mich, zum Arzt zu gehen. Die Ärztin machte ein paar Tests mit mir und meinte dann: «Ich gehe davon aus, dass Sie Krebs haben, ich melde Sie gleich in der Schweiz für weitere Tests an.» Eine so einschneidende Diagnose einfach so salopp daher gesagt! Ich war komplett geschockt. Auf meinem Weg zum Arzt hatte ich gedacht, ich bekomme von der Medizinerin ein paar Medikamente und danach wieder ab ins Meer!

Da bist du gerade mit deinen Jungs auf Mallorca angekommen und willst den Urlaub geniessen und dann kommt so ein Müll aus heiterem Himmel. Als ich meiner Oma – die auf Mallorca wohnt – vom Arztbesuch erzählte, meinte die ganz locker vom Hocker: «Ach, geht's der noch gut, so etwas zu sagen, ohne noch mehrere Tests zu machen?» Nach ein paar Stunden, in denen ich ziemlich aufgewühlt war, habe ich mich entschieden, dass ich dieser Aussage keine Kraft und keinen Raum in meinen Gedanken geben will. Ich habe die Diagnose schlicht und ergreifend für nichtig erklärt. «Wie kann man auch nur so eine Aussage treffen, ohne sich zu 100 Prozent sicher zu sein? Nur weil ihre ersten Tests das gezeigt haben!», ärgerte ich mich.
Während meines Urlaubs habe ich nicht weiter daran gedacht, ausser, dass ich mich ganz bewusst entschieden habe, auf meine Gedanken zu achten. Als ich wieder zurück in der Schweiz war, ging ich ins Spital und liess alles durchchecken. Die Mediziner dort fragten mich: «Sie sind top gesund, warum sind Sie eigentlich hier?» Whaaat? Was war denn das für eine Ärztin, die zuvor so was behauptete?

Diese Situation war für mich eine wunderbare Lebenslehre. Was wäre gewesen, wenn ich diesen Müll geglaubt hätte? Zumindest hätte ich mir den Urlaub versaut und auch den von meinen Jungs. Ich hätte in eine Depression fallen können. Oder wäre bei jedem Pieken in meinem Körper in Todesangst verfallen.

Lasst uns Menschen sein, die auf ihre Gedanken achtgeben. Füllen wir sie mit Wahrheiten und kraftvollen Gedanken!

Ich liebe es, wenn ich in der Bibel lese und merke, wie Gott mich sieht, wenn er zum Beispiel sagt: «Wenn ich für dich bin, wer kann gegen dich sein?»

Mit ihm ist alles möglich, wenn man daran glaubt. Auch mit solchen guten Gedanken können wir uns füllen, das haben wir selbst in der Hand! In der Bibel steht übrigens 365 Mal, dass wir keine Angst haben sollen. Ach ja, was für ein Zufall!

Sei mutig, entschlossen, nimm deine Gedanken unter deine Kontrolle und du wirst merken, was für Berge du erklimmen kannst.

Meine wunderbare Ehefrau Elena hat vor ein paar Jahren das Studium zum Bachelor of Science in Tourism abgeschlossen.

Elena hat eine unglaublich krasse Disziplin, wie ich sie selten gesehen habe. Doch vor grossen Prüfungen oder auch fast jeden Sonntagabend, bevor sie wieder für fünf Tage zum Studium fuhr, gab es einen enormen Gedankenkampf in ihr – sie hatte grosse Zweifel, ob sie das Ganze schaffen würde. Aus meiner Sicht völlig unberechtigt. Aber es war ein Gedankending. Und wirklich nicht einfach für ihre Eltern und mich. Obwohl wir gewusst haben, dass sie das Ding packen wird und zwar mit Bravour.

Nach zirka zwei Jahren vollzog sich ein Wandel in ihrem Kopf und sie hatte ihre Gedanken völlig neu ausgerichtet. Ich war so stolz auf sie. In Ruhe und Frieden meisterte sie das letzte Jahr. Als ihre Eltern und ich bei der Diplomübergabe sassen, gab es eine extra Kategorie für die besten Abgänger. Huch, da spürte ich sofort, dass sie dabei sein wird. Das hätte sie nie gedacht. Doch ich war mir so sicher, da ich den Wandel in ihren Gedanken miterlebt hatte, dass ich meine Kamera bereits anschaltete und laufen liess. So hatte ich den kompletten Satz des Direktors drauf: «Die beste Abgängerin des ganzen Studiengangs ist: Elena Mühlemann!» Ja, meine Videoaufnahme war komplett und man hört auf dem Video dann meine begeisterte Stimme: «Ich habe es gewusst, sie packt es!» und das Video wackelt wie verrückt, da ich mich wohl selten in meinem Leben so wahnsinnig gefreut habe! Für mich ging es gar nicht um den Abschluss, sondern wie sie das gemeistert hat, mit so einer lockeren Art, die in diesem Fall direkt belohnt wurde. Wow!

Wie man hier sieht: Manchmal kann es Jahre dauern, bis sich ein Gedankenkonstrukt ändert. Traurig finde ich es nur dann, wenn man sich keine Mühe gibt und mit der Ausrede lebt «Ja-ich-bin-halt-so-blablabla». Dabei wäre doch ein so viel freieres, selbstbestimmteres Leben möglich.

Lasst uns Menschen sein, die ihr Leben anpacken und es schätzen. Das

Leben ist zum Leben da und nicht zum Überleben.

Es lohnt sich sehr, seine Gedankenkonstrukte zu hinterfragen und neue, frische Gedanken zuzulassen und zu prüfen! Dafür braucht man nicht zuerst die Ressourcen, um etwas zu verändern. Am Anfang sind das vor allem die richtigen Gedanken und eine klare Entscheidung für oder gegen Dinge, die im Kopf herumgehen dürfen. Dabei kann man ganz viel ausmisten und immer mehr lernen, lösungsorientiert durchs Leben zu gehen.

Ab und zu gehe ich in Regionen, die die meisten Leute eher meiden. In einem Slum zum Beispiel habe ich einen zirka 13-jährigen Jungen gesehen. Als ich zu ihm hinging, fragte ich einfach so drauflos: «Hey, was ist dein Traum?» Er lachte mich aus. Ich fragte ihn erneut: «Hey, wie heisst du und bitte erzähl mir von deinem Traum!» Er lachte wieder. Doch ich blieb ernst und fragte erneut: «Hey, wie heisst du und was ist dein Traum?» Da wurde er plötzlich ernst und sagte seinen Namen. Zum Traum meinte er: «Weisst du, hier kann man nicht träumen. Hier kannst du nur überleben und ich habe es versaut. Ich habe was mit Drogen gemacht und jetzt darf ich nicht mal mehr in die Schule hier.» Ich war berührt und redete eine Weile mit ihm. Dann fragte ich ihn: «Darf ich kurz für dich beten?» Daraufhin er: «Ja, warum auch nicht.» Also habe ich mit ganz einfachen Worten gebetet: «Lieber Vater im Himmel, schenke diesem Jungen neue Lebensfreude und setze in ihm einen Traum frei.» Irgendwie so war dieses einfache Gebet, aber ich habe daran geglaubt. Erneut fragte ich ihn nach seinem Traum. Da huschte ein Grinsen über sein Gesicht und er meinte: «Eines Tages baue ich einen Helikopter und ich weiss auch schon, wie das geht!» Als er erzählte, strahlte er immer mehr und antwortete auf meine weitere Frage, was er mit dem Helikopter machen will: «Ich möchte alle Kinder aus dieser Region herausfliegen.» Wow, da wurde ich still und hatte Tränen in den Augen. In diesem Moment spürte ich, dass etwas in ihm gewachsen war und er ein «Warum?», eine tiefe Motivation für seinen Traum hatte.

Einige Jahre später erinnerte ich mich an diese Geschichte und dachte: «Ja, David, du hast für ihn gebetet und er hatte eine Begegnung mit dem liebenden Gott. Und doch konntest du ihm jetzt nicht einen Helikopter kaufen oder so.» Doch da kam mir so ein Herzensgedanke, wie man ihn manchmal hat: Was ist, wenn genau dieses Gebet oder dieses Gespräch so ein «Helikopter» war und er jetzt dort in diesem Gebiet ist und anderen Menschen diesen «Helikopter» weitergibt? Dass sie für einen kurzen oder langen Moment innerlich wegfliegen können? Sich und ihre Träume spüren, dem lebendigen Gott begegnen können? Einfach die Begrenzungen ihrer Umwelt kurzzeitig hinter sich lassen?

GEDANKEN

Achte auf deine Gedanken, denn sie beeinflussen dein ganzes Leben! Ob du denkst, du packst es oder nicht, du wirst beide Male recht behalten! Unser Gehirn und unsere Gedanken waren schon immer so geprägt, dass sie sich auf Probleme und Ängste konzentrieren, auf die Dinge im Leben, die schiefgehen könnten.

Wenn wir uns vorstellen, wir würden vor dem Einschlafen unsere negativen Gedanken ganz bewusst ablegen und mit positiven Gedanken einschlafen – wie wäre dann die kommende Nacht oder gar der nächste Morgen?

Die Zeit vor dem Einschlafen ist so eine wichtige und sensible Zeit des Lebens, denn was wir da denken und tun, wirkt sich stark auf unser Wohlbefinden aus. Ich sage mir immer: «So wie du einschläfst, wirst du wieder aufwachen, einfach noch verstärkt.» Schläfst du mit Hass und Rache ein, wirst du mit einem mulmigen Gefühl am Morgen aufwachen. Wenn du allerdings am Abend den Mitmenschen oder dir selbst vergeben hast, schläfst du in Frieden ein und die Chance ist unglaublich gross, dass dein nächster Tag wunderbar und federleicht wird. Auch hier ist es wichtig, eine Regelmässigkeit reinzubringen und dieses Denken einzuüben. Nach einer Weile wird es Frucht tragen.

Mach doch mal folgenden Test: Kauf dir ein schönes Notizbuch und schreibe jeden Abend fünf bis zehn Sachen auf, für die du dankbar bist. Über die denkst du dann vor dem Einschlafen nach. Wichtig ist, dass du danach nicht mehr aufs Handy schaust. Denk einfach über die Dinge nach und sei dankbar dafür. Mach das doch mal einen Monat lang und lass die Ausrede nicht gelten: «Mir fällt nichts ein, wofür ich dankbar sein könnte.» Es gibt immer genügend Gründe zum Danken, auch wenn man nicht gerade Luftsprünge machen möchte. Wie wäre es zum Beispiel, dankbar dafür zu sein, dass du überhaupt ein Notizbuch hast oder in einem Bett liegst und ein Dach über dem Kopf hast?

Meinem LYN-Team habe ich Ende 2017 die Challenge gegeben, dass sie jeden Abend mindestens zehn Dinge aufschreiben, wofür sie dankbar sind und mir nach 30 Tagen Bescheid geben, was sich bei ihnen verändert hat. Das hat einiges ausgelöst! Nicht nur der Schlaf wird angenehmer und friedlicher, sondern auch das Aufstehen. Und wie schön ist es, am Morgen in strahlende, friedliche Gesichter zu blicken.

Übe dich darin, für die Dinge dankbar zu sein, die du hast, und dafür, wer du bist. Dabei ist es ganz egal, ob andere mehr haben oder nicht. Denn es ist ein offenes Geheimnis: Beim Vergleichen wird man undankbar. Dich gibt es nur einmal und du bist genial und einzigartig! Lerne mit deinen Gedanken umzugehen und du wirst schnell merken, dass in dir eine unglaubliche Rakete

Übe dich darin, für die Dinge dankbar zu sein, die du hast, und dafür, wer du bist.

steckt! Sobald wir aus unserer Gedankenbox ausbrechen, ist plötzlich viel mehr möglich! Meist braucht es nur ganz wenig Veränderung in unserem Denken und Probleme und Situationen lösen sich von allein.

Du darfst und sollst anders denken, sogar wenn du in eine Welt hineingeboren wurdest, in der man deine Gedanken schon fast vorgeformt hat. Menschen, die irgendwo einen Unterschied machen, sind meist auch Menschen, die anders denken. Sie hatten den Mut, aus ihrem Gedankengebäude auszubrechen und das schöne weite Land um sie herum zu bestaunen.

Viele junge Menschen mit einer Begeisterung sagen mir, dass sie leider zu wenige Ressourcen haben, um dies oder jenes zu machen. Denkt doch mal anders! Der grösste Wohnraumanbieter der Welt besitzt keinen eigenen Wohnraum: Airbnb. Das grösste Taxiunternehmen der Welt besitzt nicht ein einziges Taxi: Uber. Das weltgrösste Medienunternehmen produziert keine eigenen Inhalte: Facebook.

03

FEHLER & ANGST

FEHLER UND ANGST

Ich bin so dankbar, dass ich in meinem Leben bereits so viele Fehler gemacht habe. Schon immer gehörte ich zu der Spezies: Wenn Mama oder Papa sagten: «David, die Herdplatte ist heiss, bitte nicht berühren!», dann habe ich es natürlich doch getan und mir die Finger verbrannt. Ja, bis heute versuche ich immer meine Komfortzone zu erweitern und das sogenannte Grenzgebiet abzustecken. Wie weit kann ich gehen? Was ist hinter der Grenze, die ich gerade sehe? Das beginnt bei mir mit kleinen alltäglichen Momenten: In den Flitterwochen waren wir an einem wunderschönen Ort. Kaum waren wir am Strand angekommen, sagte ich zu Elena, dass ich mal ein bisschen am Strand laufen gehe. Sie wusste bereits, dass ich ein bisschen Zeit für mich brauchte. Als ich dann irgendwann wieder zurückkam, grinste sie mich an und sagte: «Und, bist du die Grenzen abgelaufen?»

So gibt es ganz verschiedene Typen. Manche lieben es, bei einer Ferienanlage zwei Wochen am Pool zu sitzen und die Menschen zu beobachten. Sie lieben es einfach, an einem Ort zu sein und müssen nicht unbedingt Neues entdecken. So stimmt es für sie und das ist vollkommen okay. Andere Menschen lieben es, jeden Tag einen Ausflug zu machen und die Insel zu erkunden und wieder andere lieben es, am Strand zu sein, die Weite und die Wellen zu geniessen.

Ist hier etwas falsch gelaufen bei manchen Menschen? Nein, jeder lebt so, wie er es möchte oder wie es ihm vorgelebt wurde.

Doch es gibt auch die Situationen, in denen wir einfach Angst haben, uns auf Neues einzulassen oder Wege zu gehen, bei denen man gar einen Fehler machen könnte. Doch die Zeit, in der wir Fehler machen, ist die Zeit, in der wir etwas Neues probieren.

Seien wir doch ehrlich: Die allermeisten Menschen haben Angst, Fehler zu machen. Doch ich glaube, Fehler zu machen, ist etwas Gutes, wenn wir daraus lernen. Ein ständiges Lernen bleibt somit garantiert. Natürlich rede ich nicht von absichtlichen Fehlern, wie zum Beispiel dem Betrug eines Arbeitgebers. Nein, ich rede davon, mutig zu sein, neue Wege zu gehen, dem Abenteuer ins Gesicht zu lächeln, seine Komfortzone zu verlassen und den eigenen Horizont zu erweitern. Ich persönlich denke, dass Menschen mit einem Erfolgsdenken bereits mehr Fehler gemacht haben und im Unterschied zu anderen, die seit Jahren am gleichen Punkt stehen, aus ihren Fehlern gelernt haben.

Dass wir so eine Angst vor Fehlern haben, liegt an verschiedenen Dingen. Zum Beispiel durchlaufen wir ein Schulsystem, in dem es nur darum geht, Fehler zu vermeiden, um gute Noten zu bekommen. Jeder Fehler in einem Diktat oder einem Mathetest wird mit rotem Stift quittiert. Da zählt nur noch, wie viel Rot auf der Seite ist. Nicht, wie viel richtig ist, nicht, wie kreativ ein Kind war … Alles dreht sich um Fehler und Fehler sind somit schlecht.

Auch das Wort «Nein» hat eine unglaublich krasse Macht über uns. Kaum sagt uns jemand ein ehrliches «Nein», wühlt das so viel in uns auf. Könnte es sein, dass dies eine Prägung unserer Kindheit ist? Hand aufs Herz: Die meisten Kinder werden so erzogen. «NEIN, dies darfst du nicht und NEIN, das darfst du auch nicht.» Dieses Nein bleibt oft ohne irgendeine Erklärung. Und wenn das Kind es doch macht, wird es bestraft. Aber wie soll ein Kind denn lernen, warum es etwas nicht machen soll, wenn es ihm nicht erklärt wird? Wenn wir in der Erziehung der Kinder die Liebe und Geduld aufbringen würden und ihnen erklären, warum und wieso, dann, glaube ich, wären wir nicht so geprägt, dass wir Angst hätten, Fehler zu machen. Wenn ich Eltern beobachte, fällt mir auf, dass sie wohl in einer Stunde bestimmt zehn bis zwanzig Mal «Nein» sagen, bis die Kinder es dann irgendwann «checken».

Jetzt rechnen wir das mal hoch: Auch wenn es nur drei «Nein» waren am Tag, dann wären das über 1000 Mal im Jahr und über 18'000 Mal, bis das Kind 18 Jahre alt ist. Und diese 18'000 Mal wurden jeweils begleitet von einer strengen Mimik und Kopfschütteln. Da hat man doch gar keine Lust mehr, Neues zu entdecken, mutig zu sein oder auch Fehler zu machen!

Versteh mich nicht falsch, ich möchte hier nicht erklären, wie man Kinder erzieht, ich bin ja immer noch an mir selbst dran. Ab und zu frage ich mich, ob ich mich nicht vielmehr «verziehe», als dass ich mich «erziehe». Dazu kommt, dass ich nicht mal Kinder habe. Aber so oft frage ich mich, warum wir nicht mutiger durch den Alltag gehen und bereit sind, Fehler zu machen. So viele Leute fragen mich: «Warum hast du keine Angst vor dem, was kommen könnte?» Klar ist mir bewusst, was alles kommen KÖNNTE, doch meine Leidenschaft für meine Vision und mein Glaube sind grösser als meine Angst. Denn Angst ist eine Lüge. Angst lähmt dich schon im Vorfeld. Warum solltest du Angst haben vor etwas, was noch nicht einmal eingetroffen ist?

Für die Angst gibt es einen guten Ort: den Abfalleimer. Weg mit der Angst!

Respekt ist das bessere Wort. Angst hat Macht – sie hindert Menschen beispielsweise daran, sich auf jemanden einzulassen, neue Wege zu gehen, etwas auszuprobieren, loszulassen und so weiter. Wenn wir aber mit gesundem Respekt vor dem Unbekannten neue Wege gehen, ist das wunderbar und es öffnet einen neuen Horizont. Ohne dabei leichtsinnig zu sein.

FEHLER UND ANGST

Stell dir vor, ein paar Seemänner sitzen am Ufer und schauen zum Horizont. Den ganzen Tag sprechen sie darüber, wie ihr Floss zusammenbrechen könnte und welche hohen Wellen kommen könnten. Wenn sie mehr über diese Ängste reden als über die Weite des Horizonts und das verlockende, andere Ufer, könnten sie irgendwann ohne Angst losfahren? Vermutlich nein. Ich denke, respektvoll einer Sache, die auch Risiken birgt, entgegenzuschauen, ist vollkommen okay. Aber den Seemännern musst du mehr vom Horizont und der Schönheit der Weite erzählen, dem wunderbaren Land auf der anderen Seite des Ozeans, um ihre Sehnsucht zu wecken. Und während du ihnen davon erzählst, sind sie wahrscheinlich bereits losgesegelt!

Lasst uns Angst durch Respekt und Glauben ersetzen! So viele haben Träume in ihrem Leben, sei es, die Kultur am Arbeitsplatz zu verändern, eine eigene Firma zu gründen, eine Weltreise zu machen oder gar auszuwandern. Doch nach dem Träumen bricht bald die Realität herein und die Angst macht sich breit. Wenn die Leute dich dann noch kritisch hinterfragen: «Hast du dir dies und das überlegt?», willst du nur noch aufgeben. Doch dann triffst du auch Menschen, die dir sagen: «WOW genial, tu es!» Du wirst schon sehen, es wird gehen. Sei mutig und stark!

Welchen Stimmen du Kraft in deinem Leben gibst, hat eine grosse Wirkung. Natürlich auch, welche Stimme du für dein Umfeld bist. Hätte ich vor vier Jahren gewusst, was für Herausforderungen ich erleben würde, hätte ich LYN wie gesagt nicht gestartet. Aber ich wusste tief in meinem Herzen: STEP BY STEP. Langsam bin ich mit dem Prozess mitgewachsen. Einiges ging schneller als erwartet, da ich mich den Herausforderungen meist direkt stelle. Wenn du dir das zur Gewohnheit machst, wirst du viele der Prozesse und Herausforderungen, die auf dich zukommen, schnell abgehakt haben. So wirst du immer mehr zu einem Langstreckenläufer. Wenn du dich allerdings drückst, weil du Angst hast oder das Nein doch zu gross scheint, wirst du immer die gleichen Runden rennen und immer wieder vor den gleichen Herausforderungen stehen, bis du dich diesen stellst und sie überwindest. Es ist wichtig, dass wir uns unserer Angst oder den vielen *NEINS* stellen.

Vielleicht ist die Angst vor Fehlern tief in deiner Lebensgeschichte verwurzelt. Ich möchte dich ermutigen: Akzeptiere das nicht einfach, sondern stelle dich deiner Angst. Es kann auch sein, dass dir nur wenige Schlüssel fehlen, damit du in deinem Leben durchstarten kannst. Sehr vieles können wir selber bewirken, wenn wir einige Bereiche in unserem Leben ernst nehmen. Viel zu lange habe ich gedacht, dass es uncool sei, mich mit meinem eigenen Leben auseinanderzusetzen. Mit 26 besuchte ich ein viertägiges Seminar zu diesem

FEHLER UND ANGST

Thema und war mit Abstand der jüngste Teilnehmer. Das Seminar war so gut! Ich habe so viel über mich herausgefunden und wusste am Ende genau, wie ich gewisse Prozesse in der Zukunft angehen kann. Dich mit dir selbst auseinanderzusetzen, damit kannst du gar nicht früh genug anfangen. Du kannst dich gleich heute entscheiden, ob du deine Geschichte selber schreiben willst oder ob du weiter vor dich hinleben und der Angst nachgeben willst, die dich vor neuen Wegen zurückschrecken lässt.

Ich wünsche dir von Herzen, dass du, falls du noch zu viel Angst hast vor den *NEINS* und den möglichen Fehlern, frei sein kannst. Dass dein Glaube stärker werden darf als deine Angst. Mögen die Erfahrungen, die dich daran hindern, mutig zu sein, ans Licht kommen, und mögest du diese verarbeiten. Hab keine Angst und glaube, dass es gut wird. Besser als du dir vorstellen kannst. Beginne Glauben in deine Situation zu sprechen.

04

DANKBARKEIT

Dankbarkeit ist ein Zustand, in dem sich das Herz erholt und neue Kraft schöpft. Dankbarkeit verändert den Fokus in unserem Leben. Wenn wir von Herzen dankbar sind, entsteht Raum für Veränderung. In den meisten Momenten sind wir nur ganz kurz dankbar und dann sind unsere Gedanken schon wieder bei den Dingen, die wir nicht haben oder die noch nicht so gut laufen. Oder es ist eine Frage der Perspektive. Wir können zum Beispiel im Urlaub sein und sehen ein paar Leute mit dem Boot herumfahren und beginnen zu denken: «Ach, die haben es schön, die machen sogar Urlaub auf dem Boot. Die haben es geschafft!» Doch die Kinder, die auf dem Boot sind, denken sich vielleicht: «Ach die haben es schön, die können einfach am Strand mit anderen spielen, aber mein Vater muss immer mit dem Boot raus. Dabei will ich doch einfach nur mit den anderen Kindern im Sand Burgen bauen.»

So oft vergessen wir, was wir alles haben. Immer wieder habe ich Menschen getroffen, die materiell so ziemlich gar nichts haben und unglaublich dankbar sind. Sie sind dankbar für das, was sie sind und für den Frieden, den sie im Herzen tragen. Dankbarkeit ist eine Wertschätzung für das, was man ist und hat, anstatt ständig daran zu denken, was man nicht hat oder wer man sein könnte.

In den letzten Jahren habe ich Nachrichten von Leuten erhalten, die dankbar für meine gesundheitliche Situation sind, wie sie ist. Sie argumentieren, dass es mir mit dem Rücken auch schlechter gehen könnte, wenn sie zum Beispiel andere sehen, die an den Rollstuhl gefesselt sind. Ich verstehe den Gedanken schon, aber ich möchte meine Dankbarkeit nicht dadurch nähren, dass ich darüber nachdenke, dass es anderen schlechter oder einfach anders geht.

Mir ist es ein Anliegen, dass ich tief begreife, wer ich bin, was ich kann, was ich mache, was ich habe.

Was Menschen mir immer wieder schreiben, ist: «Wenn ich könnte, würde ich auch mal nach Afrika oder in andere Länder reisen, das würde meinem Herzen gut tun.» Aber ganz ehrlich, es kommt nicht darauf an, wo wir hingehen. Vielmehr spielt es eine Rolle, welche Atmosphäre wir dort, wo wir sind, freisetzen möchten. Es kann doch nicht sein, dass wir erst dann dankbar sein können, wenn wir an solchen Orten sind, in denen wir zum Beispiel grösserer Armut begegnen. Natürlich ist es möglich, dass einiges in uns in Bewegung kommt, aber das sollte doch nicht die Motivation sein.

DANKBARKEIT

Dankbarkeit bringt die Liebe zum Übersprudeln und dadurch wird so viel Energie und Freude freigesetzt. Plötzlich verblassen die Gedanken an Dinge, die noch nicht okay sind und man lebt im Hier und Jetzt. Man verpasst nicht das, was gerade abgeht. So oft leben wir nicht den Moment – und ganz oft deshalb, weil wir in einer undankbaren Haltung feststecken und darüber nachgrübeln oder von der Unzufriedenheit bestimmt sind. Ich denke, das bleibt eine ewige Herausforderung für jeden von uns. Doch die geniale Nachricht ist: Ob jemand dankbar ist oder nicht, ist kein Schicksal oder eine unveränderliche Charaktereigenschaft. Dankbar zu sein, ist eine Entscheidung, die wir immer wieder für uns selbst treffen müssen – und können. Menschen mit einem dankbaren Herzen erkennt man direkt an ihrer Ausstrahlung, finde ich. Wenn wir es uns recht überlegen – es sind doch meistens die dankbaren Menschen, die glücklich sind. Albert Schweitzer hat mal gesagt: «Verschiebe die Dankbarkeit nie! Bezeuge sie an dem Tag, an dem du sie empfindest.»

Dankbare Herzen sind grosszügiger, friedlicher und liebevoller unterwegs als undankbare. Wer sich darüber freut, wer er ist und was er hat, dem bleibt keine Zeit mehr, über das zu klagen, wer er sein oder was er haben will. Wir müssen an den Punkt im Leben kommen, an dem wir uns annehmen und leben können. Wenn wir dort ankommen, wird viel Schweres und Bedrückendes von uns abfallen. Ich wünsche mir, dass sich jeder auf diese befreiende Reise macht und sich so lieben kann, wie er ist. Denn jeder ist einzigartig. DU bist als Original geschaffen, kein zweiter könnte ein besseres DU sein. DICH gibt es nur einmal und somit brauchst du auch niemanden zu kopieren. In meinem Umfeld sage ich immer: «Wenn wir so sind, wie wir sind, merken wir ziemlich bald, dass das genau richtig ist. Dann merkt man auch, dass man gar nicht jemand anderes sein möchte.»

Inspirationen und Einstellungen von anderen kann man sich ruhig anhören und davon lernen. Falls du noch auf der Suche bist, wer du bist, wünsche ich dir viel Kraft und Freude auf dieser Reise.

By the way: Eventuell treffen wir uns auf dieser Reise, denn ich glaube, sie hört hier auf der Erde niemals wirklich auf. Allerdings gibt es gewisse Stationen, die wir erreichen können. Manchmal mit der Bahn und manchmal zu Fuss, über Stock und Stein. Es lohnt sich! Es ist genauso, wie der Weg auf einen Gipfel: Unterwegs fragt man sich so oft, wieso man sich diesen Weg überhaupt antut. Aber wenn man dann den Gipfel erklommen hat, die herrliche Aussicht geniesst und die frische, würzige Luft einatmet, denkt man: «Wow, das hat sich so gelohnt!»

Ach ja, das Thema feiern. Eine Gewohnheit von mir ist, dass ich Erfolge und Niederlagen feiere. Wie jetzt, im Ernst? Auch Niederlagen feiern? Ja, denn ich persönlich denke, dass Feiern eine Art Dankbarkeit ist. Wenn ich einen Erfolg feiere und so Dank praktiziere, setzt das eine Atmosphäre des Friedens frei. Da ich glaube, dass alles Gute von oben kommt, ist es für mich auch klar, dass ich meinen Dank nach oben sende.

Was die Niederlagen betrifft: Ich bin davon überzeugt, dass kluge Leute auch von ihren Feinden oder aus ihren Niederlagen lernen. Wenn man es so sieht, ist es doch unglaublich wertvoll, wenn man Niederlagen erlebt. Allerdings nur, wenn man sie nutzt und sich davon nicht niederdrücken lässt. Sondern wenn man sie analysiert, fragt, was warum schief gegangen ist, und die Erkenntnisse daraus nutzt, um es beim nächsten Mal besser zu machen.

Ein Tipp: Ganz wichtig ist, dass man nicht zu lange analysiert und über Niederlagen grübelt, denn das Leben geht weiter. Tatsächlich habe ich noch niemanden getroffen, der an seiner Vergangenheit etwas ändern konnte. Aber ich habe Menschen gesehen, die aus ihren Fehlern oder Niederlagen gelernt haben und dadurch stärker geworden sind. Dazu gehört auch die Fähigkeit, sich selbst zu vergeben. Das ist manchmal gar nicht so leicht, wenn etwas gründlich danebenging. Denn man kann auch so verbittert sein, dass man das ganze Leben lang nur an gewissen Punkten herumnörgelt und den Fokus auf das «Jetzt» total verliert. Wie schade das ist! Ich kenne Menschen, die schon über die Hälfte ihres Lebens «weggeworfen» haben, weil sie nicht bereit waren, sich selbst oder anderen Menschen zu vergeben und an ihrem vermeintlichen Recht festgehalten haben. Wie schmerzlich ist es, wenn man unnötig Lebenszeit vergeudet! Lasst uns lieber eine dankbare Position einnehmen und dazu beitragen, Menschen aus diesem «Gefängnis» zu entlassen. Denn tatsächlich ist es wie ein Gefängnis: Menschen, die anderen nicht vergeben, halten in der Regel sich selber gefangen. Tief beeindruckt hat mich Nelson Mandelas Haltung, als er nach vielen Jahren aus dem Gefängnis entlassen wurde. Er sagte, wenn er jetzt diesen Menschen nicht vergibt, die ihn unschuldig 27 Jahre hinter Gitter gebracht hatten, wird er lebenslang im Gefängnis bleiben.

Als ich 2017 in Tansania unterwegs war, lernte ich einen Mann kennen. Über eine Woche lang brachte er mich und einen Freund mit einem Team zu verschiedenen Projekten einer gemeinnützigen Organisation. Die ganze Woche über war er so unglaublich zufrieden, dankbar und wirkte einfach erfüllt. Dann sagte er, er wollte uns gerne zu sich nach Hause zum Abendessen einladen. Wir freuten uns total darüber. Da erzählte er mir, dass seine Frau gerade drei Monate lang zum Arbeiten weg sei, da es in ihrem Dorf zu wenige Verdienstmöglichkeiten gäbe. Sie würde an dem Tag zurückkommen, an dem wir bei ihnen eingeladen waren. Als ich das hörte, hatte ich Tränen in den Augen. Dass er uns an diesem so besonderen Abend mit dabei haben wollte, uns einlud, wenn die Familie wieder vereint sein würde, berührte mich. Der Mann war so voller Dankbarkeit. Wir hatten sein Dorf und weitere Projekte unterstützt und er wollte uns auf diesem Weg Danke sagen.

Am Abend der Einladung liefen wir dann im Stockdunkeln durch das Dorf zu seinem Haus. Zu sechst sassen wir in einem kleinen Raum – zirka vier mal vier Meter. Etwas naiv fragte ich ihn: «Wo habt ihr denn die anderen Zimmer und das Badezimmer?» Daraufhin antwortete er: «Ah, David you are so funny!», und lachte herzig. Erst checkte ich es gar nicht, bis er mich aufklärte: «David, das ist alles, was ich habe.» Mir verschlug es die Sprache. Wow, das war heftig! Ein Mensch, der so glücklich war, dass man hätte denken können, dass er der reichen Schicht angehört. Ja, und er war reich. Sehr reich! Reich in seinem Herzen. Als ich ihn fragte, wo seine Frau sei, meinte er: «Komm mit, ich zeige es dir», und stand auf. Er führte mich in einen offenen Raum, wo sie am Boden hockte und «kochte»: Auf einem kleinen Grill stand ein Kübel voll schwarzem Wasser, in dem sie die Fische für uns zubereitete. Sie wusste ganz genau, dass wir diese gerne essen würden. Wieder war ich sprachlos und völlig überwältigt. Wie krass war das denn? Sie hatten alles gegeben. Als Gäste hatten sie uns so reich beschenkt und das Beste gegeben. Vor allem war es ihnen nicht zu schade, IHR Wiedersehen auch mit uns zu feiern! Diese gelebte Dankbarkeit überwältigte mich. Aber damit noch nicht genug: Als Geschenk überreichten sie uns zum Abschluss sogar noch ein Afrika-Amulett. Es war so unglaublich!

Am Abreisetag auf dem Weg zum Flughafen bat ich den Mann, noch kurz beim Bankautomaten anzuhalten. Dort hob ich Geld in Höhe von umgerechnet drei bis vier Monatsgehältern ab und steckte ihm die Scheine zu. Keine Reaktion seinerseits. Kurz vor dem Abflug erhielt ich dann folgende Nachricht per WhatsApp: «David, ich danke dir von Herzen für deine Grosszügigkeit. Habe gerade mit meiner Frau gebetet und wir haben uns dazu entschieden, die Hälfte an bedürftige Menschen zu spenden.» Jetzt musste ich weinen. Was für ein unglaublich dankbares Herz!

Immer wieder treffe ich Menschen, die wenig bis fast nichts besitzen und so eine Dankbarkeit und Liebe in sich tragen. Ganz sicher: Man muss nicht viel haben, um dankbar und grosszügig zu sein.

05

LOSLASSEN

LOSLASSEN

Meine sechswöchige Auszeit in Südafrika ist mir noch lebhaft in Erinnerung. Dort lernte ich unter anderem zwei Wochen lang Englisch in einer Sprachschule. In dieser Zeit habe ich viele neue Leute kennengelernt, mit denen ich dann auch öfters unterwegs war. Dabei hatte ich doch eigentlich einfach mal abschalten wollen. Die Sache mit dem Abschalten ist allerdings relativ schwierig für jemanden wie mich. Ganz spontan ging ich also in Südafrika ins Reisebüro und buchte einen Mauritius-Trip für zehn Tage – das ist von Südafrika aus ja nur ein Katzensprung. Mein Wunsch war, dass ich auf dieser Trauminsel so richtig zur Ruhe finden würde. Auf Mauritius angekommen, verspürte ich komischerweise aber eine unglaubliche Schwere in mir und hatte keine Ahnung, wie ich sie loswerden konnte. Keine Nacht verging, in der ich tief und fest schlief und meine ausgedehnten Spaziergänge am Strand waren von einer seltsamen Schwere statt von der erhofften Leichtigkeit geprägt. Alles Mögliche habe ich ausprobiert, damit es mir besser geht. Aber nichts hat sich verändert. Dann sagte ich mir: «David, du bist ein Kämpfer, halte durch!» An meinem dritten Tag auf der Insel kam mir allerdings ein ganz anderer Gedanke: «David, lass los!» Netter Gedanke, aber so einfach war das nicht. Schliesslich musste ich doch kämpfen mit meinen Schmerzen im Rücken und mit den verschiedenen Veränderungen im Leben. Doch der Gedanke, loszulassen, kam immer wieder. Dann habe ich es einfach getan: LOSGELASSEN. Wow, ich war geflasht: In nur wenigen Minuten war der wochenlange Kampf gewonnen. Danach fühlte ich mich unglaublich leicht, wie eine Feder im Wind. Noch deutlich kann ich mich daran erinnern, wie ich per Facetime mit meinen Eltern gesprochen habe und sie fragten: «David, wieso bist du so unglaublich glücklich?»

Am selben Tag machte ich einen Tagesausflug mit einem Katamaran auf eine andere Insel – das war wirklich ein Traum. Dort habe ich dann ein Haus und ein kleines Segelschiff gekauft. Dieses unglaubliche Angebot konnte ich mir einfach nicht entgehen lassen. Nein Spass, habe ich natürlich nicht! In wenigen Stunden bin ich die ganze Insel abgelaufen und habe Orte und Dinge entdeckt, die ein «Ich-bleibe-wo-ich-angekommen-bin-Tourist» im Hafen nicht sieht. Bei meiner Erkundungstour sah ich eine Familie, die ganz friedlich am Wasser sass. Ich ging zu ihnen und wir kamen ins Gespräch. Schnell fanden wir heraus, dass wir im gleichen Hotel und auf dem gleichen Katamaran waren. Das Gespräch mit ihnen war so kraftvoll. Sie stellten mir viele Fragen über mein Leben und darüber, was ich so denke. Im Verlauf des Gesprächs hat sich die Atmosphäre verändert und ich spürte, dass dies ein wichtiges und himmlisches Treffen war – so eine Art Himmels-Begegnung. Während ich mit dem Familienvater ein paar Meter am Meer entlanglief, erzählte ich ihm ein paar Dinge, die mir zuvor aufgefallen waren. Unter anderem, dass er ein guter und treuer Vater ist. Er war unglaublich berührt und fing an zu weinen. Unter Tränen vertraute er mir an, dass er fast jeden Abend vor dem Einschlafen denkt, dass er als Ehemann und Vater nicht genüge, da er einiges nicht im Griff habe.

Es ist wirklich spannend, was ein paar ernst gemeinte Worte in unserem Gegenüber auslösen können. Lasst uns also auf unsere Worte achtgeben, denn sie beeinflussen das eigene Leben und das Leben anderer.

Am nächsten Morgen sah ich die Familie an unserem Hotelpool. Die Mutter kam zu mir und fragte mich erstaunt: «David, was hast du mit meinem Mann gemacht?»

«Wie, wo, was?», dachte ich völlig überrumpelt und wollte wissen, was passiert war. «Er ist wie ausgewechselt!», erwiderte sie. Sie erklärte mir, dass er plötzlich so positiv sei und von Visionen und verlorenen Träumen erzähle. Wow, mich überflutete ein ganzer Ozean an Freude. Das alles war aus einer simplen Begegnung entstanden.

Ein paar Monate später erhielt ich eine Facebook-Nachricht von dem Familienvater, in der er schrieb: «Danke, David, dass ich dir begegnen durfte. An diesem Tag habe ich meinen Wert erkannt und liebe es, Ehemann und Vater zu sein! Danke, dass du uns angesprochen und mir so viel erzählt hast. Und danke für dein Gebet.»

Unglaublich, so eine wunderbare Geschichte entstand an dem Ort, an dem ich selbst meine Last losgelassen hatte und offen für Neues im Leben wurde.

Manchmal sind wir zu sehr damit beschäftigt, durchzuhalten, statt einfach loszulassen und so eine Veränderung bei uns und anderen hervorzurufen.

Wenn man von einer Sache, die für einen Durchbruch wichtig ist, zu wenig macht, kann man sich hundert Jahre lang abmühen und der Durchbruch bleibt immer noch nur ein Wunsch. Um einen Durchbruch zu erreichen, braucht es Disziplin, Stärke und Weisheit, das Richtige zu tun.

Damit wären wir wieder bei unseren Gedanken. Dort muss der Startschuss fallen. Entscheidest du dich dazu, diszipliniert vorwärts zu gehen, um diesen Durchbruch zu erreichen, gibst du damit automatisch jeder Ablenkung den Laufpass. Natürlich erfordert diszipliniertes Vorwärtsgehen Ausdauer, doch die kann man lernen. Wenn dein JA zum Durchbruch stark genug ist, wenn dir wirklich alles daran liegt, voranzukommen, wird dir das innere NEIN zur Ablenkung leichter fallen. Ablenkung und Kompromisse lauern hinter jeder Ecke.

Was ich hier schreibe, gilt für den Sport, den Beruf oder auch für eine Beziehung. Wenn man ständig das Falsche tut, kommt man nie an seinem Ziel an. Wenn man sich nicht richtig ernährt, kann man 50 Jahre lang trainieren und immer noch nicht sein sportliches Ziel erreichen. Manchmal braucht es eine grundlegende Veränderung von Verhaltensweisen. Wenn man seinen Partner nie glücklich sieht, kann man entweder so weiter machen wie zuvor und warten, bis er wieder happy ist oder man kann aktiv werden, alte Muster loslassen, neue Wege gehen und ihn happy machen. Zumindest kann man es immer wieder probieren!

An dieser Stelle noch einen Einschub. So viele fragen mich immer wieder: «Hey, wie finde ich meine Traumfrau?» Meine Antwort fällt dann gerne kurz und knackig aus: «Sieh zu, dass du ein Traummann wirst, dann wird es einfacher gehen!» Sei du die Person, der du gerne im Alltag begegnen möchtest. Dafür musst du eventuell ein paar Muster loslassen und dich der Veränderung stellen.

Manchmal verwechseln wir durchhalten mit durchleiden. Beides liegt sehr nah beieinander. Wenn wir auf dem Weg zu einem Ziel zu lange durchhalten und es uns zunehmend schlecht geht, stellt sich die Frage, ob wir vielleicht einfach nur noch durchleiden. Dann wird es Zeit, sich zu fragen, ob es nicht insgesamt eine Kurskorrektur braucht.

Was ist also der Unterschied zwischen durchhalten und durchleiden? Menschen, die durchleiden, lassen oft einfach nicht los. Menschen, die ehrlich zu sich selbst sind, wissen das meistens auch. Trotzdem quälen sie sich weiter, weil sie glauben, dass loslassen eine Schwäche sei. Dabei bringt es uns oft ans Ziel, den Blick auf Neues zu richten oder unsere Strategie zu ändern, wenn es nicht passt. Menschen dagegen, die wirklich durchhalten, halten an ihrem Plan fest, sie fokussieren ihr Ziel und lassen sich nicht durch ihre momentane, vielleicht schwierige Situation von ihrem Weg abbringen.

Zur Veranschaulichung erzähle ich eine Geschichte von einem Kriegsherrn, der seine Strategie im richtigen Zeitpunkt änderte:

Ein französischer Kriegsherr war mit seiner ganzen Truppe – bestehend aus 100 Mann – unterwegs. Als es an der Zeit war, dass die Soldaten eine Pause brauchten, dachte er sich: «Dort in der Bucht, wo man uns nicht sieht, machen wir eine Pause.» Daraufhin kletterten sie alle eine selbst gebaute Hängeleiter zu dem ruhigen Strand hinunter. Als sie es sich bequem gemacht hatten, wurde der Kriegsherr nervös. Da war doch irgendetwas am Horizont! Tatsächlich, dort wurden unzählige Kriegsschiffe sichtbar, die geradewegs auf sie zufuhren. Sofort war ihm klar, dass sie, wenn sie jetzt einen Rückzieher machten, die Schlacht verlieren würden. Denn der Feind würde von allen Seiten kommen und sie einengen. Also änderte er in kürzester Zeit die Strategie und entschied, alle Leitern herunterzureissen. So gab es keinerlei Alternative mehr, die ganze Kraft sollte auf den Sieg gerichtet sein. Der Kriegsherr wusste: Dort, worauf man seinen Fokus legt, fliesst auch Kraft. Zuerst waren die Männer ausser sich vor Wut, dass ihnen jeder Fluchtweg abgeschnitten worden war. Doch schliesslich verstanden sie, warum der Kriegsherr so gehandelt hatte und vertrauten ihm. Was folgte, war eine Schlacht, wie sie sich keiner hätte ausmalen können: Die 100 Mann-Armee gewann die Schlacht gegen tausende Gegner.

Ist es möglicherweise auch bei dir dran, die Optionen in der Hinterhand loszulassen und den Plan zu ändern? Und somit deinen Fokus zu schärfen und alle Kraft gezielt einzubringen? Was dann passieren kann, ist vergleichbar mit einer normalen Glühbirne von Mister Edison: Wenn man das ganze Licht, das so eine Lampe gibt, zu einem Strahl mit einem Durchmesser von 0,5 mm bündelt, ist es so stark, dass man damit etwas durchlasern kann. Das ist das Geheimnis von Fokus.

06

STILLE

STILLE

In einer Welt voller Ablenkung, Lärm und Dauerunterhaltung ist es unglaublich wichtig, dass wir Momente der Stille erleben. So oft sind wir getrieben und versuchen, mit all unseren To-dos und dem Tempo um uns herum Schritt zu halten. Persönlich empfinde ich es am kraftvollsten, wenn ich mich aus dem sogenannten «Alltag» komplett rausnehme und in die Stille gehe. Die Stille kommt selten von alleine zu uns. Sie will gesucht werden. Also ist es wichtig, dass wir uns aktiv darum bemühen. Das verheissene Land in der Bibel lag auf der anderen Seite des Jordans. Also: Boot suchen und auf die andere Seite rudern.

Mir ist völlig bewusst, dass es gar nicht so einfach ist, in der Stille zu sein. Gerade kürzlich sagte mir ein Bekannter, dass er seit über zehn Jahren nicht mehr weg war und sich auch keine Zeit für sich selbst genommen hat. Bei ihm war nicht das Geld das Problem, sondern die Arbeit. Er war so getrieben von der Arbeit, dass er dort mindestens sechs Tage die Woche verbrachte. Als er sich dann endlich zwei Wochen Urlaub gebucht hatte, kam er bereits nach zwei Tagen wieder zurück und sagte: «Puh, das ist schrecklich, ich habe es nicht mehr ausgehalten, mich so lange mit mir selbst zu beschäftigen.»

Wie soll es denn unseren Mitmenschen mit uns gehen, wenn wir es nicht einmal selbst mit uns aushalten? Klingt hart? Ist aber leider so. Wenn wir so getrieben sind – sei es von der Arbeit, Social Media, Schmerzpunkten, die wir überspielen, Defiziten aus der Kindheit oder was auch immer –, ist es umso wichtiger, dass wir uns Zeit für uns nehmen.

Wenn wir einen tiefen Frieden in uns haben, ist Stille etwas Wunderschönes.

Jeder kennt solche Menschen, die die Ruhe in Person sind, komme, was wolle. Sie sind wie ein Leuchtturm. Auch wenn der Sturm um sie tobt, bleiben sie einfach stehen und strahlen weiter. Lange habe ich solche Menschen beobachtet und sie gefragt, was ihre Schlüssel im Leben sind und immer wieder fielen die Worte «Stille» und «Zeit für sich selbst».

Seit vielen Jahren nehme ich mir ganz bewusst Zeit für mich allein. Oft hat das seinen Preis, den eventuell auch andere Menschen zahlen. So kann es sein, dass sich deine Mails ein paar Tage lang anhäufen oder dein Partner für eine Weile auf dich verzichten muss, aber es lohnt sich. Dein Partner dankt es dir, wenn du wieder ausgeglichen und dankbar zurückkommst. Was alles in der Stille passiert, ist so unglaublich und hat so grosses Potenzial! Es muss kein Langstreckenflug in ein fernes Land sein, es kann eine Reise mit dem Zug in deinem eigenen Land sein, eine Hütte in den Bergen oder eine Übernachtung in einem Zelt in der Natur.

STILLE

In der Stille passieren bei mir immer die gleichen Dinge: Zuerst muss ich mich dazu entscheiden, dass ich zur Ruhe kommen möchte. Das bedeutet, ankommen und loslassen, was ich mit mir herumtrage. Bald öffnet sich mir dann ein Horizont der Ruhe und des Friedens. Mit Bedauern nehme ich dann wahr, dass ich eine ganze Weile nur funktioniert habe und lade diese Schwere ab. In der Stille kann dann mein Herz wieder richtig eingestellt und aufgeladen werden. Wenig später spüre ich eine tiefe Dankbarkeit in mir, die mir neue Energie gibt. Wenn ich schliesslich ganz frei von unwichtigen – und teilweise auch wichtigen – Dingen bin, entsteht Raum für Kreativität. Kreativität in den verschiedenen Bereichen. Bei mir entstehen vor allem Visionen und Träume. Diese Visionen setzen neue Dimensionen frei, wer ich bin und wie ich leben möchte. Dann empfinde ich ganz tiefen Frieden.

Immer wieder höre ich, dass viele Menschen diesen Frieden auch gerne hätten. Aber oft sind sie nicht bereit, dafür in die Stille zu gehen. Stille ist auch unbequem – ja, sie konfrontiert einen mit sich selbst und man kann sich nur schwer ablenken. Wenn man nicht in die Stille geht, wird man sein ganzes Leben lang nach Antworten auf Fragen suchen. Doch diese Antworten kommen nicht so einfach aus heiterem Himmel. Möglicherweise wendet jetzt jemand ein: «Genial, David, dass dein Zugang die Stille ist. Mein Zugang ist es, mit meinen Jungs zu zocken oder sonst irgendetwas.» Ich glaube, ich kann nachvollziehen, was hier gemeint ist. Doch ich bin davon überzeugt, dass das bewusste Auseinandersetzen mit sich selbst am besten funktioniert, wenn man nichts macht. Auch ich gehe zum Sport, um ruhiger und ausgeglichener zu sein. Aber das ist nicht das Gleiche wie drei Tage Auszeit von TV, Handy und Freunden. Dabei kommt man einfach anders zur Ruhe und andere Fragen und Themen können an die Oberfläche kommen.

Ich erhalte so viele wunderschöne Nachrichten von Menschen, wie zum Beispiel: «David, ich wünsche mir so sehr Weltfrieden.» Darauf habe ich nur eine Antwort: «Hast du denn bereits mit dir selbst Frieden? Trägst du diesen Frieden in deinem Herzen?» In der Stille wächst dieser Frieden.

Einige Male habe natürlich auch ich erlebt, dass ich in meinem Leben gereizt und angeschlagen unterwegs war. Es fühlt sich so an, als ob meine Mitmenschen noch die letzte Flamme in mir auslöschen würden. Doch dann höre ich diese leise und feine Stimme in mir, die mich wieder in die Stille ruft. Wenn ich diesem Ruf dann folge und in die Ruhe flüchte, wird diese glimmende Flamme in mir bald wieder wie ein lodernder Waldbrand. Ganz schnell ist da wieder Motivation und der verschüttete Antrieb kommt ans Licht. Wir müssen auf diese leisen Signale achten und ihnen folgen. Dabei geht es gar nicht darum, uns aufzuraffen und jedes Mal zu denken: «Kopf hoch!» oder «Never give up!»

Manchmal bedeutet stark sein schlicht und ergreifend, in die Stille zu gehen.

Das gilt vor allem für die Menschen, die einen starken Kämpfergeist haben. Stille ist nichts für Schwache. Es ist für Leute, die das Leben schätzen, die verdauen und wertschätzen wollen, was sie erleben. Denn schliesslich ist das Leben zum Leben da und nicht einfach zum Überleben. Es ist wichtig, dass wir die Momente, die wir erleben, voll leben. Denn sie kommen nie wieder zurück und es wäre zu schade, wenn wir diese Momente, die letztlich Gott uns schenkt, nicht auskosten und in Fülle geniessen.

Ab und zu ertappe ich mich dabei, dass ich zu viel auf Social-Media-Kanälen unterwegs bin. Aber ich habe ein geniales Umfeld, das mir dann immer wieder sagt: «David, leg das Ding weg. Wir sind jetzt gemeinsam unterwegs.» Meistens kommt dann von mir die bescheuerte Reaktion: «Ich muss nur noch schnell etwas machen.» Immer «nur noch schnell». Tatsächlich habe ich das Gefühl, dass keine neuen Nachrichten mehr reinkommen, wenn ich alle abgearbeitet habe. Aber trotzdem ist das viel unwichtiger als die Zeit, die ich stattdessen mit meinen Freunden oder mit mir allein verbringen kann. Mein WhatsApp-Status lautet seit längerer Zeit: «Schreibe zu 90 Prozent nicht zurück, da einfach zu viel läuft.» Hier grenze ich mich ganz bewusst ab und habe auch kein schlechtes Gewissen, wenn ich mich mal nicht zurückmelde. Nicht zuletzt hat das alles mit Prioritäten zu tun. Und da kommt zuerst Gott in meinem Leben, dann meine Frau und danach erst der Rest. Es kann nicht sein, dass ich während unseres Ehe-Abends auf Instagram abhänge, auch nicht kurz. Elena und ich haben uns ganz bewusst vorgenommen, dass wir jede Woche einen Abend zu zweit und nicht mit weiteren Tausenden verbringen wollen. Unser Abend bedeutet also «Stille für die Ehe». Einmal organisiert sie einen Abend, den nächsten dann ich.

Eine meiner grössten Leidenschaften ist das Reisen und Kennenlernen von Kulturen. Mich fasziniert, warum Menschen so verschieden leben und reagieren. Wenn ich mit Leuten ins Gespräch komme, stelle ich in jedem Land immer diese zwei Fragen: «Wie holst du dir Frieden in dein Herz?» und «Wie gehst du mit schwierigen Umständen um?» Auf diese Fragen erhalte ich die unterschiedlichsten Antworten: Yoga, Meditation, Soaking, Bäume umarmen, Gebet oder gar nichts von alldem. Ich persönlich liebe es, in der Natur zu sein und zu beten. Ganz simpel und mit einfachen Worten rede ich dann mit dem lieben Gott, den mir meine Oma und meine Eltern bereits als kleines Kind vorgestellt haben. Wenn ich im Gebet bin, merke ich immer wieder, wie die Last, die ich mit mir herumtrage, von mir abfällt, und ich ganz leicht werde. Das funktioniert tatsächlich. Einige Menschen in meinem Umfeld haben dasselbe ausprobiert: «Hey, wenn es dich wirklich gibt da oben, dann nimm doch meine Last von mir weg.» Ein paar Menschen haben etwas erlebt, andere wiederum nicht. Natürlich wünsche ich mir, dass jeder eine Antwort bekommt und innerlich befreit wird. Denn wenn wir Frieden und Ruhe im Herzen tragen, sind wir viel angenehmer im Leben unterwegs und prägen so unser Umfeld um einiges besser.

Such dir für dein Leben solche Orte des Friedens und der Ruhe, an denen du voll auftanken kannst. Du wirst merken, wie sehr es sich lohnt, sich mit sich selbst auseinanderzusetzen und zu versöhnen. Probiere es wenigstens mal aus. Und falls du extra ein teures Hotel gebucht hast, nach kurzer Zeit zurückkommst und sagst: «Das hat nichts gebracht!», dann schick die Rechnung einfach an folgende Mailadresse: david@erbezahltsiedochnicht.com. Nur ein kleiner Spass natürlich! Ich bin mir sicher, es wird eine gewaltige Zeit.

07

EINSTELLUNG

Stell dir vor, du sagst in Zukunft nicht mehr, dass du zur Arbeit musst, dass du ins Fitnessstudio musst, dass du Kollegen treffen musst und noch ins Reisebüro musst. Wie wäre dein Alltag, wenn du sagen würdest, dass du zur Arbeit darfst, dass du ins Fitnessstudio möchtest, weil du weisst, dass es dir guttut. Dass du deine Freunde treffen möchtest, weil es ein Geschenk ist, mit ihnen Zeit zu verbringen und du ins Reisebüro darfst, auch wenn dich das ein bisschen Zeit kostet, weil du dich schon auf das Privileg freust, eine Reise zu buchen.

Das klingt doch schon ganz anders, obwohl es die gleichen Aktivitäten sind. Was sich lediglich verändert hat, ist der Fokus. Dadurch wird eine Atmosphäre geschaffen, die voller Schönheit, voller Wollen und Freiwilligkeit ist. Und fast wie von allein lernt man, das Hier und Jetzt mehr zu schätzen und zu lieben. Da entsteht ein Raum voller Freude und Wachsamkeit. Ist es nicht um einiges schöner im Leben, wenn wir das schwer beladene Wort «müssen» einfach austauschen? Hier geht es um Wertschätzung dem eigenen Leben gegenüber, wie man sein eigenes Leben anpackt, wie man es betrachtet.

Gut kann ich mich noch daran erinnern, wenn meine Eltern früher sagten: «David, mach bitte noch dein Zimmer sauber.» Ich habe Ausreden gesucht, warum und wieso es jetzt einfach noch nicht dran ist, mein Zimmer aufzuräumen. Doch wie das halt so ist, wenn man ein Kind ist und von den Eltern geliebt wird, wird man auch erzogen. Also habe ich schliesslich ziemlich widerwillig mein Zimmer aufgeräumt. Meine Ausreden haben nichts gebracht.

Heute sieht das ganz anders aus. Ich liebe es, aufzuräumen, Ordnung zu schaffen und hinterher Ordnung zu haben. Da gibt es absolut kein «müssen» mehr, da ich den Sinn dahinter entdeckt habe. Wenn ich meine Sachen ausmiste und loslasse, gibt es Platz für Neues. So bekam das Thema «Ausmisten» in meinem Leben eine neue Bedeutung, da ich dem «Ich-muss-noch-aufräumen» einen Sinn gegeben habe. Neu wäre hier wohl das Thema «Ich-will-noch-neuen-Platz-schaffen!»

Meine Frau kennt mich sehr gut und weiss, dass ich immer besonders locker drauf bin, wenn ich gerade den Abfall entsorgt und meine Arbeiten zu Hause erledigt habe. So ist es doch auch im Leben: Lassen wir Altes los, geht es uns besser.

Das ständige «Müssen» hört sich nicht wirklich nach Entspannung und Freiheit an, oder? Angenommen, dein Partner sagt zu seinen Freuden: «Ich muss jetzt leider wieder mal nach Hause gehen.» Bravo, wirklich ein tolles Gefühl! Er muss zu dir nach Hause? Es ist doch um einiges schöner, wenn er sagt: «Ich darf jetzt nach Hause und ich freue mich!» Hier geht es um kleine

Wörter mit grosser Auswirkung. Und wenn du dein Zuhause nicht liebst, dann erschaffe dir eins, in dem du dich wohlfühlst. In deinem Leben sollte es einen Ort geben, an dem du dich zu Hause fühlst, auch dann, wenn dein Zuhause durch Negatives zerstört wurde. Auch ich habe lange gebraucht, bis ich wieder ein Zuhause gefunden hatte, nachdem meine Schwester von uns gegangen war. Aber es ist möglich.

Ein so negativ konnotiertes Wort wie «müssen», das nach Zwang schmeckt, kann die ungute Auswirkung haben, dass wir die Kraft des «Ich-lebe-im-Jetzt» völlig verpassen.

Ein gutes Beispiel ist mein Freund Michael. Mittlerweile arbeitet er Teilzeit für mein Unternehmen LOVE YOUR NEIGHBOUR. Einige beneiden ihn darum. Doch was die Leute nie gesehen haben, ist, dass er seit über drei Jahren viel als Volontär mitgearbeitet hat. Immer wieder gab es zu dieser Zeit Stimmen um ihn herum: «Du musst doch gar nicht so viel arbeiten, willst du das wirklich?» Seine Antwort war einmal mehr brillant: «Wenn ich müsste, würde ich wahrscheinlich nicht so viel neben meiner alltäglichen Arbeit machen. Aber da ich will und darf, liebe ich es, in meiner Freizeit so viel in diese Vision zu investieren. Daher werde ich auch nicht müde und möchte diese Extrameile gehen. Ich liebe und schätze es, Teil der Vision sein zu dürfen.»

Krass, was diese Worte für eine Auswirkung haben: müssen, dürfen oder wollen. Gib mal ganz bewusst in deinem Alltag darauf acht. Das geht ganz praktisch: Jedes Mal, wenn du «müssen» sagst oder denkst, korrigiere deinen Satz und ersetze «müssen» durch «wollen» oder «dürfen». Wenn du das regelmässig machst, wirst du merken, was für eine Leichtigkeit und Dankbarkeit auf dich zurückfällt.

08

KULTUR

Wann wurdest du das letzte Mal gelobt? Wo hat man dich das letzte Mal geehrt? Wann haben deine Mitarbeiter oder Vorgesetzten dir das letzte Mal ein Kompliment gemacht? Wann war die Frau an der Tankstelle das letzte Mal so richtig freundlich? Wann hat dein Partner dir das letzte Mal gesagt, dass er dich liebt? Oder wann hat er dir das letzte Mal etwas Gutes getan?

Wie auch immer die Antwort ausfällt: Bring und trag du die Veränderung hinaus, die du gerne erleben möchtest.

So schnell jammern wir, wenn wir eine Kultur oder eine Einstellung daneben finden. Die im Fitnessstudio grüssen nie, auf der Strasse sind alle so unfreundlich, die bei der Kasse macht ein Gesicht wie zehn Tage Regenwetter und mein Vorgesetzter hat wieder eine miese Laune. So schnell lassen wir uns von dieser schlechten Laune anstecken und reagieren entsprechend negativ. Zeigt uns im Strassenverkehr jemand den Finger, werfen wir die Hände in die Luft und drehen durch. Grüssen uns die Leute im Fitnessstudio nicht, sagen wir auch nicht hallo. Werden wir an der Kasse nicht angelächelt, tun wir es auch nicht. Die logische Konsequenz daraus: Wenn wir uns nicht bewusst für Veränderung entscheiden, übernehmen wir diese miese Laune in unseren Alltag mit und geben sie genauso weiter.

Ein Familienvater hatte eigentlich einen super Tag im Geschäft, wird dann allerdings beim Nachhause-Fahren so unfreundlich angemacht, dass er plötzlich ganz gestresst ist. Als er zur Haustür hereinkommt, hört er das liebevolle Willkommen seiner Kinder gar nicht und brummt nur missmutig: «Jetzt wartet mal, ich komme dann schon, ich muss noch kurz die Mails checken.» Die Kinder freuen sich jeden Tag, wenn ihr Papa nach Hause kommt und wollen ihm voller Freude ihre Zeichnungen zeigen. Wenn es dann heisst: «Ich habe noch andere Sachen zu erledigen, ihr seid noch nicht dran», sitzt das. Für ein Kind ist es doch unverständlich, wenn es sich so sehr freut und dann erst mal unfreundlich angemotzt wird, statt freudig begrüsst zu werden. Als Kind habe ich solche Situationen so oft bei meinen Freunden erlebt – der Vater kam nach Hause und die Stimmung sank direkt auf den Tiefpunkt. Gott sei Dank hatte ich selbst das Privileg, zu Hause immer willkommen zu sein. Meine Mama und mein Papa haben uns sogar durch das Fenster zugewinkt, wenn sie uns gesehen haben. Klar gab es Ausnahmen, doch wir wurden immer sehr liebevoll empfangen. Was für eine Freude und was für ein Zuhause das war! Nach dem Tod meiner Schwester hat sich hier allerdings einiges geändert. Das liegt daran, dass jeder Mensch im Leben nur das geben kann, was er gerade in sich trägt.

Leider lassen wir uns viel zu schnell von einer schlechten Stimmung anstecken, dabei erwische ich mich selbst auch immer wieder. Doch dann wird mir umso bewusster, dass schliesslich ich in meinem Umfeld die Veränderung sein kann. Wie geht das ganz praktisch? Einer meiner Klassiker ist, die Verkäuferin an der Tankstelle zu fragen: «Welche ist denn hier die beste Schokolade oder welche würden Sie mir empfehlen?» Diese Schokolade kaufe ich dann zweimal und lasse eine davor an der Kasse liegen. Beim Hinausgehen ruft die Verkäuferin mir dann nach: «Hey, Sie haben hier was vergessen!» Ich erwidere: «Nein, ich habe nichts vergessen. Eine für Sie und eine für mich!» So einfach hat man einem Menschen ein Lächeln ins Gesicht gezaubert. Manchmal lasse ich in der Parkuhr meine Münzen liegen und die Leute reagieren: «Hey, Sie haben Ihr Wechselgeld vergessen!» Dann entgegne ich: «Nein, das ist für Sie. Das habe ich absichtlich drin gelassen!» Wieder ein Lächeln. Schön ist es auch, Menschen eine Freude zu machen, die nie erfahren werden, von wem diese Überraschung kam. Diese Beispiele zeigen, wie einfach es sein kann, eine Veränderung in die Welt zu tragen und eine Kultur der Liebe und Ehre mitzuprägen. Wunderschön dabei ist, dass diese Haltung einem unglaublich viel zurückgibt. Liebe säen und ernten – meistens zumindest. Warum meistens? Manchmal erhält man auch keine oder undankbare Reaktionen. Daher ist es wichtig, dass man das, was man tut, selbstlos macht und nicht voller Erwartungen. Sei du selbst die Veränderung! Es geht nicht darum, wie die Menschen reagieren, sondern vielmehr darum, wer wir in unserem Umfeld und in der Gesellschaft sind. Unser Handeln hat Auswirkung!

In meinem Umfeld gibt es so viele Menschen, die immer wieder ganz bewusst einen Unterschied machen. Auch Menschen, die in ihren Ressourcen eingeschränkt sind. Doch was zählt, ist: Sie sind sehr reich an Liebe. Meistens sind es Menschen, die ihren Weg gefunden und Frieden mit sich geschlossen haben. Menschen, die wissen, wo sie Kraft, Geduld und Liebe hernehmen. Zum Beispiel meine Eltern. An Weihnachten haben sie an ihren Wohnblock einen Zettel mit folgender Aufschrift geheftet: «Falls du heute alleine bist, bist du herzlich zu uns zum Abendessen eingeladen.» Oder mein Freund Michael, der in einer Baufirma auf kleinen Zetteln immer wieder anonym Mitarbeiter motiviert und ihre Stärken und ihren Wert notiert. Warum? Weil er die negative Kultur in seiner Firma nicht ausstehen konnte und selbst die Verantwortung dafür übernommen hat, diese Schritt für Schritt zu verändern.

Sicherlich kennt jeder diese Tage, an denen jemand einem ein ehrliches, schönes Kompliment macht und man denkt: Made my day! Eine solche Wertschätzung kann so viel auslösen! Was wäre anders, wenn der gestresste Familienvater noch so ein Kompliment bekommen würde, bevor er nach Hause kommt? Sicherlich würde er glücklicher die Haustür öffnen und die Chance wäre höher, dass er sich über seine Kinder freut und der Abend mit der Familie friedlicher verläuft. Der Auslöser dazu könnte ein einfaches, ehrlich gemeintes Kompliment sein. Ist das schwierig? Nein! Aber es ist wichtig, dass wir diese Dinge immer und immer wieder machen. Auch, wenn sie nicht schwierig sind.

Was mich tief glücklich macht, ist eine Kultur von ehrlich gemeinten Komplimenten zu erleben. Wenn man sich mit seinen Mitmenschen mitfreut, auch wenn sie mehr haben als man selbst. Wenn man Menschen für ihr Leben und ihren Einsatz ehrt. Zum Beispiel einer Mutter zu sagen: «Wow, du bist eine geniale Mutter. Ich habe gesehen, wie du mit deinem Kind umgehst!» Oder einem Stadtarbeiter auszudrücken: «Wow, danke dir für deinen Dienst. Ich sehe, du arbeitest seit etlichen Jahren hier im Dorf und reinigst unsere Strassen. Dank dir glänzt dieses Dorf. Dankeschön!» Oder deinem Chef zu spiegeln: «Bestimmt haben Sie gerade viel Arbeit und tragen viel Verantwortung, aber ich möchte mich bedanken, dass ich in Ihrem Unternehmen arbeiten darf». Oder der Reinigungskraft im Hotel liebevoll begegnen und ihr grosszügig ein Geschenk machen.

Ab und zu bereiten Elena und ich auch extra Geschenke für die Raumpflegerinnen vor, wenn wir in die Ferien fahren. So zum Beispiel in unseren Flitterwochen. Wir hatten zirka zehn Geschenke dabei, die wir verteilten. Das waren so schöne Momente! Es ist ein offenes Geheimnis, dass Geschenke Herzen öffnen. Da flossen sogar Tränen, begleitet von den Worten: «Ich habe nie einfach so ein Geschenk erhalten.» Natürlich lieben wir es, dann ein Stossgebet für sie zum Himmel zu schicken, dass es ihnen einfach gutgehen darf.

Eine Kultur der Ehre und Liebe ist etwas vom Schönsten, das es gibt. Dabei wird eine Atmosphäre freigesetzt, in der man sich wohlfühlen kann, in der Raum für Neues entsteht, in der man Fehler machen darf, in der man geschätzt, akzeptiert, geliebt und angenommen wird.

Wenn es darum geht, eine Kultur zu prägen und zu verändern, sollte jeder bei sich anfangen, statt darauf zu warten, dass es jemand anderes tut. Auch wenn es sich anfangs ein wenig komisch anfühlt, so ist es doch ganz simpel. Fang einfach damit an und ermutige jeden Tag ganz bewusst eine einzige Person. Wenn du das jeden Tag tust, werden es pro Jahr 365 Menschen sein, denen du ein Lächeln ins Gesicht gezaubert hast. Selbst wenn nur die Hälfte dieser

Personen das Lächeln weitergibt, sind es bereits an die 67'000 Menschen pro Jahr, die davon positiv geprägt wurden. So einfach geht das und mit so grosser Wirkung! Wenn wir bewusst eine Kultur des Friedens, der Liebe und der Ehre schaffen, lösen wir eine fantastische Kettenreaktion aus!

Umstände können heftig sein, aber sie müssen nicht unser Leben bestimmen. Immer wieder sehe ich Menschen, die sogar während ihres Spitalaufenthaltes anderen eine Freude machen. Die meisten Menschen wollen gerne die Welt ein Stück verändern. Aber zu wenige sind bereit, bei sich selbst anzufangen. Steve Jobs sagte mal: «Diejenigen, die verrückt genug sind zu denken, sie könnten die Welt verändern, tun es auch.» Du kannst in deiner Welt diesen Unterschied machen. Es gibt einen Grund, warum du genau da bist, wo du eben bist. Wer sollte denn sonst in deinem Umfeld diese Kultur prägen, wenn nicht du? Du bist du und das ist super so. Oder hat Steve Jobs etwa in deiner Nachbarschaft gewohnt?

Eine Kultur der Ehre setzt eine gewaltige Atmosphäre frei, in der sich Türen für ganz vieles öffnen: Versöhnung, Annahme, Motivation, Energie, Gespräche ...

be the change.

09

KRAFT AUS DEM JETZT

Immer wieder halte ich mir einen Aspekt ganz bewusst vor Augen: Lebe im Hier und Jetzt! Wie schade wäre es doch, wenn ich mich morgen fragen würde: «Was habe ich eigentlich in den letzten Jahren alles gemacht?», und mich kaum erinnern könnte? Nur, weil ich von einem zum nächsten Ort gesprungen bin. Ganz ehrlich: Ich falle immer wieder hin. Meine Agenda ist manchmal so voll, dass ich gewisse Punkte einfach abspule.

Dabei ist es so schön, bewusst im Heute zu leben, in genau diesem Moment. Sich zu spüren, das Leben, die Dinge, die jetzt wichtig sind. Manchmal sind wir auch in unseren eigenen Träumen so gefangen, dass wir das Leben gar nicht mehr wahrnehmen. Wir können dermassen auf Wünsche oder Ziele fixiert sein, dass wir schon fast blind sind für den Weg bis dahin und unser Umfeld. Ich muss zugeben, dabei habe ich mich schon ein paar Mal erwischt. Gerade als Pionier-Träumer-Umsetzer-Typ ist man froh, wenn man super Leute um sich hat, die einen zurück in die Gegenwart holen und daran erinnern: «Lass uns doch jetzt mal ganz bewusst diesen Moment geniessen.»

Träume sind etwas Wunderbares, doch sie bringen auch die Gefahr mit sich, dass man das «Jetzt» und den Weg dorthin nicht mehr wirklich wahrnimmt. Bestimmt ist es ein toller Weg, aber gleichzeitig auch ein kostbarer und kraftvoller, wenn man ihn bewusst im Heute geht. Am Ende geht es manchmal vielleicht gar nicht so sehr darum, die Träume umzusetzen. Teilweise sind sie einfach dafür da, dass wir Motivation für die nächsten Schritte bekommen. Vielleicht merkt man dann plötzlich, dass es gar nicht wirklich um diesen Traum gegangen ist, sondern darum, dass man bewusst Schritte gewagt hat.

In meinem Leben gab es einen Punkt, an dem ich zurückgeschaut und gemerkt habe, dass ich in vielen Bereichen noch in der Vergangenheit lebe. Zu viel dachte ich an alte, wunderschöne Momente und wollte so etwas wieder erleben. Dazu bin ich sogar zum zweiten Mal an Orte gereist, an denen ich damals einen «Vibe» erlebt hatte, den ich reproduzieren wollte. Doch beim zweiten Mal war es nicht mehr so, wie es damals war. Da erleben wir zum Beispiel besonders schöne Momente mit Freunden und möchten diese am liebsten festhalten oder noch einmal in diese Momente eintauchen. Allerdings war es nur eine Momentaufnahme. Wir können diesen Moment nicht zurückholen, ihn nicht verändern oder nochmal erleben. Was wir aber können, ist, für diesen Moment dankbar sein und ihn in unserem Herzen aufbewahren. Rückwirkend zeigt die Erfahrung des zweiten, enttäuschenden Besuches: Es ist wichtig, jeden Moment im Leben in vollen Zügen zu geniessen, denn ein Moment wird nie wieder der gleiche sein. Die Gefühle, die Temperatur, die Wärme des Sandes unter den Füssen, die Aussicht auf das Meer mit dem Wind im Gesicht, die

KRAFT AUS DEM JETZT

Gedanken, das Lachen einer Person ...

Wenn wir zu lange zurückschauen, passiert etwas Tragisches: Wir verpassen die Kraft aus dem Jetzt. Jede neue Chance, wieder wundervolle Momente zu erleben oder anderen Menschen einen einmaligen Moment zu schenken. Wenn wir mit unseren Gedanken ganz woanders und nicht im HIER UND JETZT sind, verpassen wir die ganze Kraft und Schönheit um uns herum.

Nachdem ich meine Schwester verloren hatte, war ich jahrelang von Angst gefesselt. Immer wieder habe ich mich gefragt: «Was ist, wenn jetzt noch jemand aus meiner Familie stirbt?» Diese Angst lähmte mich. JAHRELANG! Bestimmt habe ich ganz viele wertvolle Momente in meinem Leben verpasst. Aber auch, dem nachzuhängen, was ich alles verpasst habe, bringt jetzt nichts. Damit halte ich mich genauso in der Vergangenheit gefangen. Vielmehr richte ich mich darauf aus, die Kraft aus dem Jetzt mit Dankbarkeit anzunehmen. Sogar dann, wenn ich eine schwere Situation im Leben durchmache und es leichter wäre, gedanklich an einen anderen Ort zu verschwinden. Doch am Ende des Tages werden wir den Battle nur gewinnen, wenn wir uns dem Kampf stellen oder die Waffen niederlegen und loslassen.

Stellt euch vor, jeder von uns würde 50 Prozent von der Zeit, die wir passiv auf Social Media verbringen, unseren Mitmenschen oder uns selbst schenken. Und wir würden uns darauf konzentrieren, was gerade im JETZT um uns herum passiert, statt uns Gedanken darüber zu machen, was gerade bei anderen Menschen läuft.

In der Echtzeit könnten BERGE versetzt werden – davon bin ich überzeugt! Da könnten Freundschaften geschlossen werden, man hätte Zeit, für einen Obdachlosen anzuhalten und mit ihm Kaffee trinken zu gehen und ihm zuzuhören. Man könnte sich mit sich selber auseinandersetzen und an sich arbeiten. Viele ermüdet inzwischen das Thema «Social Media versus reale Begegnungen». Schliesslich ist es ja normal, dass alles immer mehr digitalisiert wird. Ja klar, es ist unglaublich wichtig, sich jeden Tag irgendwelche Bilder zuzusenden, auf denen man sich Pandabären-Ohren auf den Kopf setzt. Oder wie entscheidend ist es für die Menschheit, alle paar Minuten der Welt mitzuteilen, wo man gerade ist oder was man Schlimmes erlebt hat?

Einmal mehr sollten wir uns hier fragen, was das persönliche «Warum?» dahinter ist. Was treibt uns dazu an? Was gibt uns dieses Posten? Inzwischen habe ich einige Menschen besorgt angeschrieben, die so viele negative Dinge gepostet haben, dass ich dachte, die stecken bestimmt in einer Depression. Aber das war gar nicht so. Oder wenn Menschen immer nur die Fitnessmodels liken, aber ihre Mitmenschen nicht beachten. Lasst uns unser persönliches

«Warum?» herausfinden und unseren Mitmenschen gegenüber echtes Interesse zeigen. Dafür braucht es Zeit, aber ich denke, die haben wir alle. Die Frage ist nur, wie wir sie einsetzen.

Wenn auch du Social-Media-Kanäle nutzt, frag dich doch ab und zu, was du mit deinen Beiträgen bewirken möchtest oder warum du manche Dinge likest und andere wiederum nicht. Oft habe ich schon erlebt, dass Menschen gewisse Dinge von anderen nicht kommentieren, weil sie eifersüchtig sind. Klar, das kommt vor, dass man eifersüchtig wird. Aber das ist dann eigentlich eine super Situation, um an sich zu arbeiten. Dieses Social Media-Thema ist ja wirklich nichts Neues, aber ab und zu tut es gut, nochmal darüber zu sprechen und übrigens, falls es keinem von euch hilft, hat es immerhin mir geholfen, denn ich spreche hier auch zu mir. Falls du mir gerne auf Instagram folgen möchtest, das ist mein Account: @tognidavid

Mein Umfeld, mich eingeschlossen, hat sich ganz bewusst für den Mobiltelefon-Turm entschieden. Wenn wir an einem Tisch sitzen, legen wir alle Phones aufeinander. Der erste, der sein Phone berührt, muss die ganze Runde bezahlen. Wenn ich mit Elena unterwegs bin, lassen wir das Ding ganz bewusst im Auto oder gar zu Hause. Manchmal ist das Argument: «Aber dann können wir keine Bilder machen!» und dann entscheiden wir uns ab und zu dafür, ein Handy mitzunehmen und heute nur Herzensbilder zu machen. Solche Momente, die nur für einen selbst zur Erinnerung sind. Und nicht alles zu knipsen, was einem sonst über den Weg läuft oder was man toll posten oder teilen könnte.

So oder so gibt es Momente, die wirst du nie mit der Kamera festhalten können. Und es ist viel wichtiger, gewisse Momente zu geniessen, als sie mit anderen zu teilen.

Lebe im Moment, du wirst am Ende deines Lebens nichts mitnehmen können. Was war, ist vergangen. Was kommen wird, kann nur einer wissen. Aber das «Jetzt» lässt sich beeinflussen und leben. Der wichtigste Augenblick in unserem Leben ist nicht dann, wenn wir unser Ziel erreicht haben, sondern das Leben im Jetzt. Der wichtigste Ort ist nicht dein nächster Ferienort, sondern da, wo du jetzt gerade bist. Wahre Lebenskunst besteht darin, im Alltäglichen das Wunderbare zu sehen und zu schätzen! Das Leben ist so unglaublich schön. Fang an, die Schönheit des Lebens zu entdecken, falls du sie noch nicht gefunden hast!

Du kannst das praktisch umsetzen, indem du auf etwas verzichtest und in der Zeit etwas ganz bewusst tust. Zum Beispiel, indem du einen Tag pro Woche nicht auf Social Media unterwegs bist und dafür eine Wanderung machst und die Natur ganz bewusst wahrnimmst – intensiv auf die Geräusche, Gerüche und Farben um dich herum achtgibst.

Oder du beim Treffen mit deinen Freunden anregst, dass jeder sein Mobiltelefon im Auto lässt und alle den Moment der Gemeinschaft ganz bewusst schätzen und geniessen.

Aus eigener Erfahrung weiss ich, wie wichtig es ist, auf unsere Gedanken zu achten, denn sie bringen uns immer auf irgendwelche Ausreden. Wirkliches Leben beginnt allerdings da, wo die Ausreden aufhören. Dort, wo man bewusst lebt. Lasst uns jetzt anfangen zu leben und das Leben zu lieben.

Auch wenn dich das Leben bereits x-mal umgeworfen hat, steh wieder auf. Kürzlich sagte mir jemand: «Ich freue mich ganz bewusst nicht mehr, denn so erlebe ich auch kein Tief mehr.» Wow, diese Aussage ist heftig traurig! Aber weisst du, wenn du einmal in einem Restaurant etwas Schlechtes gegessen hast, heisst das ja noch lange nicht, dass du nie wieder in ein Restaurant gehen wirst. Oder wenn du einmal eine schlechte Note geschrieben hast, dann brichst du wohl nicht die ganze Schule ab? Wir müssen uns immer wieder eine Chance geben. Ich glaube nicht, dass es den Restaurantbesitzer stören wird, wenn du nicht mehr kommst, aber es wäre schade für dich, wenn du gutes Essen in einem anderen Restaurant verpassen würdest. Für die Schule wäre es nicht so schlimm, wenn du nicht mehr kommen würdest, aber es wäre für dich persönlich schade, wenn du wegen einer schlechten Note die Schule schmeisst. Es geht hier um dich und dein Leben und dass du dich nicht selbst vom Schönen und Lebenswerten abschneidest.

Von Kindern können wir ganz viel lernen. Unter anderem, dass sie meist im «Hier und Jetzt» leben. In einem Moment freuen sie sich ganz überschwänglich, im nächsten schlagen sie sich das Knie auf, weinen kurz und stehen wieder auf. Ihre Lebensfreude ist so gross und tief in ihnen verwurzelt. Erst ab dem Teenager-Alter schleicht sich das schwere Denken ein und man hat das Gefühl, dass man es besser weiss, als die Freude, die Leichtigkeit und der Frieden!

Lerne aus der Vergangenheit, träume von der Zukunft, aber lebe im «Hier und Jetzt».

10

FREIHEIT & VERANTWORTUNG

Was für ein schöner Anblick, wenn man einen Vogel beobachtet, der mit dem Wind fliegt. Oder wenn man einen Segelflieger am Himmel sieht, der vor sich hinschwebt. Oder einen Fallschirmspringer, der für ein paar Sekunden im freien Fall nach unten jagt. Wow, was für ein Gefühl von Freiheit muss das sein?

Hast du dir schon einmal vorgestellt, wie ein Vogel ohne Schwingen fliegen würde? Oder ein Segelflieger ohne seine Flügel? Oder wie sich der Fallschirmspringer fühlen würde, wenn er keinen Schirm dabeihätte?

Benjamin Franklin hat mal gesagt: «Wer die Freiheit aufgibt, um Sicherheit zu gewinnen, der wird am Ende beides verlieren.» Ich glaube, dass eine Kombination aus beidem perfekt ist. Denn ich denke, dass Freiheit auch ein Stück Sicherheit in sich hat. Wenn wir wissen, dass wir sicher sind, können wir die Freiheit noch mehr geniessen.

Es gibt verschiedene Freiheiten, nach denen Menschen sich sehnen. Die meisten sehnen sich danach, innerlich, also in ihrer Seele, frei zu sein. Falls du die Freiheit tief in deinem Herzen noch nie erlebt hast, will ich dich ermutigen, dich auf diese Reise zu begeben. Aus eigener Erfahrung weiss ich, dass es nichts Schöneres gibt, als frei in seinem Herzen zu sein. Keinem Menschen mehr Altlasten nachzutragen, sich selbst nicht mehr anzuklagen und auch sonstige Gewichte nicht mehr mit sich herumzuschleppen. Wenn du frei sein möchtest, dann trage deinen Teil dazu bei.

Wie so vieles, ist auch Freiheit eine Entscheidung und die braucht Mut. Doch ich kann dir versichern, dass es sich extrem lohnt.

Freiheit ist ein Raum, in dem man einfach atmen kann, einfach sein kann, einfach nichts machen muss. Wenn ich so über Freiheit nachdenke, löst es in mir eine extreme Freude aus. Ich liebe die Momente, in denen ich so frei wie ein Vogel bin. Die Momente, in denen ich einfach nur machen kann, was ich gerade will. Das war einer der Gründe, warum ich so lange gebraucht habe, um mich zur Heirat zu entscheiden. Ich dachte, dass meine Freiheiten danach einfach weg sind und ich nicht mehr das machen kann, was ich will. Als ich über diesen Punkt mit meiner Frau gesprochen habe, spürte ich ihr Herz extrem stark und sie sagte mir: «David, da ich dich so gut kenne, weiss ich, dass du die Zeiten für dich brauchst und du manchmal gerne alleine unterwegs bist. Ich würde dir deine Freiheit nie wegnehmen, denn ich weiss, dass sie ein Teil von

deinem Leben ist und du sie brauchst und liebst.» Wow, was für eine starke und geniale Aussage! Sie hat meine Bedürfnisse über ihre gestellt. Nicht nur in diesem Moment, sondern auch jedes Mal, wenn ich unterwegs bin auf Reisen. Gesagt hat man schnell etwas, aber es danach auch umzusetzen, das macht man nur, wenn man es im Herzen verstanden hat und man sich dafür entschieden hat, es mit Liebe zu tun. In diesem Fall wurde mir Freiheit geschenkt. Jetzt gerade, während ich diese Zeilen schreibe, bin ich für ein paar Tage in Südafrika, wo ich Strasseneinsätze mache, Menschen beschenke und zwischendurch an diesem Buch schreibe. Es ist ein Ort der Freiheit für mich.

Solche Orte und Zeiten der Freiheit spenden neue Kraft. Jeder kann und muss herausfinden, welches diese sind und sich dann selbst trainieren, diese Orte zum Auftanken zu schaffen. Ich kenne Menschen, die haben sogar in ihrer Gefängniszelle Freiheit gefunden. Oder Frauen, die von ihren Ehemännern unterdrückt wurden. Sie haben trotz schwieriger Umstände zu einer inneren Freiheit gefunden.

Um solche Orte der Freiheit im Alltag zu finden, braucht es eine Willensentscheidung von uns. Sonst werden wir wie ein Blatt im Wind herumgewirbelt. Doch wir haben einen Willen dazu bekommen und der zählt.

Eventuell kommst du aus einer Familie, in der du nie erfahren hast, dass dein Wille von Bedeutung ist. Das tut mir mega leid! Ich kenne Menschen, die zu nichts eine eigene Meinung haben und deren Wille auch sehr schwach ausgeprägt ist. Aber glücklicherweise können wir die Dinge angehen und ich will dich ermutigen, dass du dich der Herausforderung stellst: Es ist gut, dass du eine eigene Meinung hast. Du darfst mutig sein. Sogar, wenn sie um 180 Grad anders ist, als die Meinung deiner Mitmenschen. Um mit einem Mitmenschen gut zurechtzukommen, brauchst du nicht immer der gleichen Ansicht zu sein. Das wäre auch eher eine ziemlich eigenartige Beziehung. In Freundschaften, Familien, am Arbeitsplatz etc. wird es erst dann spannend und wertvoll, wenn verschiedene Meinungen aufeinandertreffen. Wirklich, ich will dich ermutigen, dass du deinen eigenen Willen aufbaust. So wirst du immer mehr in die Freiheit kommen, zu sein, wer du bist. Wie schön ist es doch, wenn du die Freiheit hast, nicht unbedingt alles so zu machen, wie die anderen. Es geht nicht einfach darum, eine andere Meinung zu haben, sondern darum, deine eigene zu haben.

Meinungsfreiheit darf man allerdings nie als Waffe gegen Schwächere verwenden. Sie soll Raum für Veränderung schaffen. Denn Freiheit bedeutet immer auch Verantwortung. Das ist auch der Grund, warum sich die meisten Menschen – vielleicht unterbewusst – vor ihr fürchten. Doch mache dich mutig auf, die Kraft der Freiheit zu finden!

Wenn ich die Freiheit, die mir meine Frau schenkt, ausnutzen würde, könnte ich sie nicht mehr geniessen. Da wüsste ich ganz genau: Jetzt nutze ich meine Freiheit aus. Aber auch sie hätte ihre Bedenken und es wäre nicht mehr aus Freiheit, mich so ziehen zu lassen, sondern es wäre für sie eine Pflicht- übung. Oder wenn man ein Basejumper ist, muss man sich auch der Verant- wortung bewusst sein, dass man zu Hause eine Familie hat und welche Konse- quenzen so ein Sprung haben kann!

Ich denke, es hat mit Respekt und Verantwortung zu tun, wo und in wel- chem Rahmen man Freiheit im Leben umsetzen möchte. Geht es nur darum, einen Kick zu bekommen? Und das auf Kosten anderer? Dann muss man sich fragen, welchen Wert die Freiheit gegenüber der Verantwortung hat – und womöglich auch, was das persönliche «Warum?» dahinter ist.

Mein persönliches Bild von Freiheit ist das von einem Leuchtturm: Die Wellen peitschen an den Turm, oben in der Stube brennt das warme Licht und ich sitze allein mit einer warmen Tasse Tee am Fenster und weiss: Was für eine Freiheit und zugleich Sicherheit. Das ist mein persönliches Bild von Freiheit. Wie sieht dein Bild der Freiheit aus und bist du zufrieden damit? In Freiheit unterwegs zu sein, ist etwas vom Schönsten!

Während ich gerade dieses Kapitel noch einmal durchgehe, sitze ich in einer kleinen Hütte am Waldrand. Gerade habe ich bemerkt, dass es ganz viele Vögel auf dem Dach gibt. Einer der Vögel ist allerdings hinter der Scheibe ein- geklemmt und kann nicht mehr frei herumfliegen. Natürlich wurde der Kleine gerettet. Mir kam dabei der Gedanke, dass wir, wenn wir schon die Möglichkeit dazu haben, wie ein Vogel in der Freiheit zu fliegen, auch den Mut dazu auf- bringen müssen, es wirklich zu tun. Der Vogel hatte zwar Flügel, aber sie haben ihm nichts genutzt, weil er den Raum zum Fliegen nicht hatte.

11

ERWARTUNGEN

Enttäuschung ist das Ergebnis falscher Erwartungen. Das ist wahrscheinlich einer der Hauptgründe, warum Menschen aufgehört haben, Erwartungen zu haben. Ein Bestandteil der «Erwartung» ist allerdings auch das «Warten», wie es das Wort ja schon so schön sagt. Die Frage ist: Geben wir der Situation Zeit oder muss es genauso und zu dem Zeitpunkt eintreffen, wie wir es wollen? Was wäre, wenn wir geduldiger sein würden? Was könnte das für Auswirkungen auf einzelne Teilbereiche unseres Lebens haben? Haben wir die Geduld, zu warten? Können wir überhaupt noch auf etwas warten oder muss alles sofort passieren, um jeden Preis?

Ich gehöre in einigen Bereichen zu den Menschen, die nicht gerne warten. Aber ich habe es mir für das Jahr 2020 oder so vorgenommen zu lernen, da ich vorher noch einiges erledigen muss – kleiner Spass. Mir ist wichtig, dass ich nicht nur die Zeit durchbeisse, bis sie eben vorbei ist, sondern dass ich es einübe, in einer geduldigen Haltung abzuwarten. So sind meine Gedanken frei für das Leben, das gerade auch um mich herum passiert, was ich sonst verpassen könnte!

Für mich bedeutet Geduld nicht, dass ich um jeden Preis abwarte, bis die gewünschte Situation endlich eintritt.

Nein, Geduld fängt viel tiefer an. Ich denke, es ist ein Ort des Vertrauens, des sogenannten «Warten-Könnens». Doch Geduld will tatsächlich gelernt sein. Geduldige Mitmenschen sind oft solche, die eine Ruhe und ein tiefes Vertrauen in sich tragen. Sie haben gelernt, in einer Haltung zu leben, in der sie das «Jetzt» voll und ganz wahrnehmen und mit dem zufrieden sind, was sie bereits sind und haben.

Während einer meiner Spitalaufenthalte, habe ich einen Artikel von einem Tierfotografen gelesen. Auf dem Cover dieses Heftes prangte ein unglaublich schönes Bild von einem Löwen. Die Story hinter diesem Bild hatte mein Interesse so sehr geweckt, dass ich sie direkt las. Ich erfuhr, dass sich der Fotograf zum Ziel gesetzt hatte, wilde Tiere zu fotografieren. Am Schluss des Artikels sagte er, dass sich die meisten Menschen wünschen würden, solche Bilder zu machen. Aber nur die wenigsten von ihnen wären dazu bereit, drei Tage lang in ein- und derselben Position auszuharren, sich nicht bewegen zu können, im eigenen Urin zu liegen. Nur, um dieses eine grandiose Bild zu schiessen. Er hatte verstanden, was es heisst, zu warten und durchzuhalten.

ERWARTUNGEN

Geduld ist eines der mächtigsten Werkzeuge, die wir anwenden können. Besonders in unserer heutigen, schnelllebigen Zeit! Wenn wir erwarten, dass sich eine bestimmte Situation, wie zum Beispiel eine Freundschaft oder eine Arbeitssituation, ändert, wird das viel leichter sein, wenn wir geduldig sind. Doch es gibt auch Situationen, die sich nicht ändern lassen. Aber auch dann, wenn die eigene Erwartung nicht eintrifft, hat es sich oft in vielerlei Hinsicht gelohnt, zu warten. Denn im Wachsen reifen wir und gelangen zu Tiefe. Das Leben ist einfach kein Sugar-Store. Dann würden wir zu verwöhnten Menschen, die immer das erhalten, was sie sich wünschen. Ein reifer Charakter wäre das wohl eher nicht.

Wir brauchen Glauben, wenn wir Erwartungen haben. Erwarten, hoffen und glauben liegen ganz nah beieinander. Manchmal hat man keine Kraft mehr, zu glauben. Dann gehen einem Gedanken im Kopf herum wie: «Ich möchte nicht mehr hoffen, dann werde ich auch nicht enttäuscht.» Das kann ich gut nachvollziehen – es ist ein Schutz und menschlich. Wenn wir vom Enttäuscht-Werden müde sind, machen wir gern die Schotten dicht. Doch es wäre zu schade, wenn du durch diese Haltung etwa die Berufung für dein Leben verpassen würdest! Vielleicht bist du ja genau dafür da, dass du anderen Menschen Hoffnung und Mut gibst – insbesondere nach Erfahrungen, in denen du selbst oft entmutigt oder niedergeschlagen warst. Dadurch hast du Glaubwürdigkeit und Autorität.

In meinem Leben habe ich ziemlich viele Momente erlebt, in denen ich leblos am Boden hätte liegenbleiben können. So oft habe ich gehofft – aber die gewünschte Situation ist nicht eingetreten. Liebeskummer, Momente, in denen ich zu zerbrechen drohte oder Rückenprobleme. Seit acht Jahren hoffe ich auf Heilung für meine heftigen Beschwerden. Aber ich höre nicht auf, zu glauben und zu erwarten, dass mein Rücken wieder gesund wird. Daran arbeite ich auch aktiv, denn abzuwarten allein hilft in gewissen Situationen nichts. Wahrscheinlich habe ich noch ganz viele Jahre vor mir und ich weigere mich, mir meine Lebensfreude nehmen zu lassen, nur weil mein Rücken nicht so funktioniert, wie ich es gerne hätte.

Deshalb ist es so wichtig, dass man sich eine Kraftquelle sucht, zu der man jederzeit hingehen und auftanken kann. Diesen Ort muss jeder für sich selbst finden. Meinen Ort habe ich, wie gesagt, in der Natur gefunden – dort kann ich für meinen Glauben und mein Hoffen immer neue Kraft schöpfen. Es gibt Momente, in denen bleiben nur noch Hoffnung, Glaube und Liebe. Diese drei Dinge lasse ich mir nicht nehmen – unter keinen Umständen! Diese drei Dinge sind stärker als Worte und mächtiger als die Kraft der Enttäuschung.

ERWARTUNGEN

Nicht mehr zu hoffen, nur weil man enttäuscht werden kann? Nein, das lasse ich in meinem Leben nicht zu! Es liegt an uns, für was wir uns entscheiden.

Wenn du unglaublich enttäuscht von Menschen oder Situationen bist, kann ich dich gut verstehen. Vielleicht kommst du seit längerer Zeit nicht aus einer schwierigen finanziellen Lage heraus und findest keinen neuen Job. Ich will dich dazu ermutigen: Suche einen Ort, an dem du neue Hoffnung finden kannst. Eine Hoffnung auf Neues. Dann kann die Asche zu Gold werden. Manchmal ist das Leben nicht fair. Da gebe ich dir voll und ganz recht. Allerdings hast du weiterhin die Verantwortung für dein Leben und es ist wichtig, dass du einen Weg findest, damit dir nicht die Lebensfreude durch Enttäuschung geraubt wird. Möge die Hoffnung in dir neue Kraft finden, damit du mutig vorangehen kannst. Feiere jeden Hoffnungsschimmer. Es lohnt sich, Erwartungen an einen Durchbruch zu haben! Manchmal können wir aktiv sein und manchmal heisst es, geduldig zu sein.

12

GERECHTIGKEIT

GERECHTIGKEIT

Gerechtigkeit ist ein Thema, das mir persönlich stark aufs Herz gelegt wurde. Das zeigt sich auch darin, dass ich einen extrem ausgeprägten Gerechtigkeitssinn habe. Auf der einen Seite ist das total gut, auf der anderen Seite kann das auch sehr anstrengend sein, umso mehr, wenn man noch dazu einen sensiblen Kern hat. Da fallen mir gleich viele Stories ein, bei denen ich merke, dass mich die Ungerechtigkeit fast erdrückt. Ich kenne Menschen, die gehören wohl zu den grosszügigsten Menschen dieser Welt. Trotzdem redet man in ganzen Dörfern darüber, was für Egoisten sie doch seien. Aber sie schweigen zu diesen Verleumdungen, denn sie brauchen ihre Energie für die Planung neuer Waisenhäuser, von denen noch niemand weiss. Oder das kleine Mädchen, das ich in den Townships von Kapstadt getroffen habe, das eine Wunde am Fuss hatte. Ihre Cousine erzählte mir, dass sie mal ein paar Minuten zu spät nach Hause kam und der drogenabhängige Vater ihr einen Nagel durch den Fuss geschlagen und gesagt hat: «Hier gehörst du hin, entferne dich nicht mehr als 20 Meter vom Haus und sei pünktlich nach der Schule!» Oder Menschen, die ihr Leben für andere geben, aber immer nur kleingemacht werden. Ein Kellner, den ich während meiner Flitterwochen gesehen habe, arbeitet jede Woche sechs Tage lang 14 Stunden und bekommt gerade mal 310 Dollar im Monat. Die Miete allein kostet schon 250 Dollar und er hat keine Ahnung, wie er weiterleben soll. Das ist ungerecht und macht mich traurig.

Ab und zu fühle ich mich auch in so einer Situation: Ich gebe mein Bestes für die Vision von LOVE YOUR NEIGHBOUR und wir machen unglaublich viele soziale Projekte. Und dann höre ich fiese Stimmen wie: «Ist doch alles nur Marketing!»

Da steigt in mir ein Gefühl von Ungerechtigkeit auf. In der Zwischenzeit ist mir allerdings etwas bewusst geworden: In Europa gehört man entweder in die Kategorie «Soziales» oder in die Kategorie «Business». Für viele Menschen ist es offensichtlich schwierig, beides miteinander zu kombinieren. Wenn wir Mode machen und sie verkaufen, gehören wir in die Kategorie «Business». Dennoch ermöglicht uns die Kategorie «Business», in der Kategorie «Soziales» stark zu sein. Je mehr wir verkaufen, desto mehr können wir weitergeben.

Vermutlich fehlt es noch an Menschen, die diese Kultur eines sozialen Unternehmens auf lange Zeit vorleben. Doch als Vorreiter kostet das extrem viel Kraft und es gab Momente, in denen ich sehr wütend auf Menschen war. Leute sagen dir mit einem Lächeln, wie genial sie etwas finden und hinter deinem Rücken reden sie nur negativ. Es ist bitter – da gibt man sein Leben für die Vision hin, dass Menschen Veränderung erleben dürfen und wird zu oft negativ kritisiert. Wenn man eine Sache leidenschaftlich verfolgt, macht man sich automatisch verletzlich. Dann gilt es zu lernen, kritische Aussagen nicht persönlich zu nehmen. Doch das ist nicht so leicht wie gesagt, vor allem, wenn sie dich persönlich betreffen.

Jahr für Jahr merke ich allerdings, wie ich hier stärker werde und wie mir die vielen genialen Stories von Menschen zusätzlich Kraft geben. Das sind Geschichten von Leuten, die Nächstenliebe leben, die Teil der Vision geworden sind und die Überwältigendes erfahren. Sie bestätigen mich darin, dass es gut ist, wenn mein Team und ich mich für diese Vision einsetzen! Mag sein, dass es nicht so «cool» ist, sich für Liebe einzusetzen. Aber ich bin der tiefen Überzeugung, dass es das Richtige ist! Man braucht dafür kein Kleiderlabel, aber wir machen es auf diese Art und das ist gut so. Manche leben das auf der Baustelle, andere an der Strandbar und wieder andere in der Luft, wenn sie für eine Airline arbeiten. Jeder kann an seinem Platz eine Kultur der Liebe mitprägen. Ich wünsche mir von Herzen, dass wir mehr Respekt voreinander haben – auch hier mit Liebe als Grundlage. Alles geht immer wieder auf das Fundament der Liebe zurück.

Oft bin ich alleine auf der Strasse unterwegs und spreche mit Obdachlosen, bzw. höre ihren Geschichten zu. Oft rede ich selbst praktisch gar nichts, sondern höre einfach zu. Es hat ja einen Grund, warum wir zwei Ohren haben und nur einen Mund. Hier geht es nicht nur um die Optik, sondern ganz konkret darum, Menschen mal Raum zu geben für das, was sie zu erzählen haben. Wenn ich ihre Stories so höre, merke ich, dass vieles auf dieser Erde ungerecht ist. Jetzt könnte ich mit den Schultern zucken und sagen: «So ist es eben.» Doch ich will mich nicht damit zufriedengeben. Vor Jahren schon habe ich mich dazu entschlossen, mich für Menschen einzusetzen, die keine Stimme haben. Es kann doch nicht sein, dass Menschen keine Chance haben, weil sie dermassen vom Leben geschlagen oder zum Beispiel in einem Drogenviertel aufgewachsen sind. Nicht jeder trägt Schuld an seiner Situation. Und selbst wenn! Ich hasse es, zu sehen, wenn Menschen Ungerechtigkeit erleben.

Meine Versicherung kam einmal ihren Leistungen nicht nach. Ich war masslos enttäuscht. Tief in mir drin wusste ich, dass das nur ungerecht und falsch ist. Sie haben immer fadenscheinigere Argumente gesucht, warum sie nicht zahlen müssen. Daraufhin fällte ich eine Entscheidung: Ich will für meine Rechte kämpfen! Manchmal kann es auch ganz gut sein, auf seine Rechte zu verzichten und loszulassen. Loslassen bedeutet ja manchmal auch gewinnen. Aber diesmal wusste ich: «David, kämpfe den guten Kampf!» Das habe ich dann gemacht und mir einen Anwalt gesucht. Knapp drei Jahre lang ging dieser Kampf, bis zu dem Morgen des Gerichtstermins. Der hätte um

9.45 Uhr sein sollen – um 8.00 Uhr erhielt ich einen Anruf von der Anwältin der Versicherung. Sie machte mir ein Angebot und bat mich darum, es anzunehmen und den Gerichtstermin abzusagen. Die Versicherung hatte eingesehen, dass sie bezahlen muss. Also sagte ich den Gerichtstermin ab und innerhalb von drei Stunden war der Fall gelöst. Diese Situation habe ich als wirklich ungerecht erlebt. Anstatt sich an einen Tisch zu setzen und alle Fakten anzuschauen, probierten sie alle möglichen Wege, um nicht zahlen zu müssen. Was bin ich froh, dass ich diesen Kampf gekämpft habe, auch wenn es am Schluss vier dicke Ordner gab mit Anwalts- und Administrationszeug! Manchmal muss man sich einfach gegen die Ungerechtigkeit auflehnen!

Dann gibt es aber auch Momente, in denen ich die Situation hinnehmen und loslassen muss. Wenn ich in den Slums bin und mit den Kindern spiele, muss ich auch wieder gehen können, ohne zehn Kinder mit nach Hause zu nehmen. Auch wenn ich es am liebsten tun und allen eine wunderbare Zukunft schenken würde. An diesen Punkt der Einsicht musste ich kommen, dass man nicht alles verändern und jedem helfen kann. Aber Hand aufs Herz: Wenn jeder etwas Kleines tut, gibt es doch im Ganzen etwas Grosses. Wir können nicht jedem helfen, aber jeder kann jemandem helfen. Lasst uns Menschen sein, die die Augen nicht vor der Ungerechtigkeit verschliessen. Wir können in unserem Umfeld eine Kultur der Liebe mitprägen und für Gerechtigkeit einstehen.

Zugegeben, ich kenne auch Momente, in denen ich eiskalt bin. In solchen Situationen geht mir die Ungerechtigkeit kurz mal am Arsch vorbei. Dann bin ich gerade nicht im Frieden mit mir selbst. Solche Phasen versuche ich, schnell zu überwinden. Frieden und Ungerechtigkeit können nicht dasselbe Zuhause haben. Dort wo Gerechtigkeit ist, ist auch der Friede zu Hause.

Als ich für mein erstes Buch in Berlin und abends mit einem Freund bei der Warschauer Brücke unterwegs war, kam ein Typ ganz nahe zu uns und fragte: «Hey, wollt ihr Drogen?» Wir liefen weiter und plötzlich merkte ich, dass der Typ mir das Handy geklaut hatte. Auf der Stelle drehte ich mich um, lief zu ihm hin und sagte total aufgebracht: «Gib mir sofort mein Telefon zurück!» In diesem Moment umringten mich zirka zehn Leute und ich wusste sofort: Das wird jetzt aufregend. Während ich ein paar Meter zurückging, flüsterte ich meinem Kumpel zu: «Ruf die Polizei an.» Das hat er auch gemacht. Langsam ging ich wieder auf den Handydieb zu und wieder kamen die anderen Typen und riefen: «Hau jetzt einfach ab!» So zögerte ich das Spiel hinaus, indem ich das ein paar Mal machte. Plötzlich wurde alles Blau an den Wänden und ich fühlte mich wie in einem Hip-Hop-Rap-Clip. Jetzt wusste ich, dass ich

Wir können nicht jedem helfen, aber jeder kann jemandem helfen.

Verstärkung im Rücken hatte. Dann fing ich an, das Lied des deutschen Rappers Sido zu singen: «Mein Block, meine City, meine Achterbahn, ich hab's gewusst, wenn ich komme läuft alles krass nach Plan!» Nein, Spass – das habe ich natürlich nicht gemacht. Die Polizei kam und die Jungs rannten weg und versteckten sich. Den einen Typ, der mein Telefon geklaut hat, liess ich natürlich nicht aus den Augen. Als der Polizist zu mir kam, habe ich ihm gezeigt, wo er ist – dort hinter der Mauer. Dann musste der Typ sich in der Kälte ausziehen und sie haben ihn heftig gefilzt. Die Polizisten gaben mir das Telefon zurück, nahmen noch meine Personalien auf und zwei Monate später erhielt ich einen Brief der Berliner Anwaltskanzlei. Sie hätten gerne meine Aussage, da der Typ vorbestraft war. Am Schluss kam raus, dass er sich sogar für eine Vergewaltigung verantworten musste. Da war ich froh, dass wir diesen Mann schnappen konnten. One way in die Zelle. Wie ungerecht war das, zuerst so unschuldig zu tun und dann zu berauben!

Gerade sitze ich am Atlantik und schreibe an diesem Buch. Per Instagram erhalte ich eine Nachricht von einer Frau, die ich nicht kenne. Sie schickt mir ein Bild von einer Obdachlosen, die im Bus sitzt mit einer Tasche von LOVE YOUR NEIGHBOUR! Mir kommen die Tränen, denn ich sehe, dass dieser Moment einer dieser Fackeln ist, die ich anfänglich in der Vision für das Kleiderlabel gesehen habe. Bedürftige Menschen, die mit dieser Nachricht der Nächstenliebe und somit mit Menschen in Kontakt kommen, die sich für die Liebe einsetzen. Auf der einen Seite war es so ungerecht, was ich in den letzten Jahren immer wieder gehört habe, dass das alles Marketing sei und dass das doch alles nichts bringe. Und gleichzeitig sehen andere Menschen dann Obdachlose mit unseren Artikeln! Wie herrlich!

Kürzlich erhielt ich ein Bild, auf dem eine Frau zu sehen war, offensichtlich irgendwo in Afrika, die unser Shirt anhatte. Die Person, die das Bild gemacht hatte, schrieb uns: «Wie schön ist es, LOVE YOUR NEIGHBOUR mitten in Afrika zu sehen!» Wow, einfach genial!

Die Stimme für die Vision in mir war grösser als das ungerechte Gerede. Wenn wir eine Vision haben, ist es wichtig, dass wir daran festhalten. Ich bin so dankbar, dass mittlerweile unglaublich viele Menschen motiviert und aktiviert wurden, sich für diese Botschaft einzusetzen. Es ist ein Geschenk!

Stellt euch vor, was es auslösen würde, wenn jemand, der einen Menschen in Not sieht, einen LYN-Artikel bei der Person entdecken würde. Ein Mann schrieb uns, der früher Obdachlose hasste. Bis er einen älteren Herrn mit einem Shirt von LYN sah. Er kam ins Grübeln und suchte das Gespräch mit dem Mann. Schliesslich fand er heraus, wer wir sind und was wir machen.

GERECHTIGKEIT

Seine Einstellung änderte sich total, davon berichtete er uns dann. Manchmal wird viel mehr ausgelöst, als wir uns vorstellen können. Lasst uns Menschen sein, die für Gerechtigkeit einstehen.

Kürzlich habe ich den Film «12 Jahre in der Sklaverei» gesehen. Das war so heftig für mich. Wie Solomon Northup entführt und aus seinem Leben gerissen wurde, weit weg von seiner Familie. Zwölf Jahre lang war er als Sklave in Gefangenschaft. Was er dort erleben musste, ist wohl der tiefste Abgrund dessen, was Menschen einander antun können. Es kann nicht sein, dass solche Dinge hier auf Erden passieren! Es ist nicht okay, dass wir unsere Augen verschliessen, wenn wir Ungerechtigkeit sehen! Nein, es ist nicht okay, wenn wir Ungerechtigkeit wahrnehmen und uns nicht positionieren. Hier meine ich nicht, dass wir einen Gegenangriff planen, sondern dass wir für die Wahrheit und Freiheit einstehen! Dieses Stehen für die Gerechtigkeit sollte stärker sein als der Umstand. Es darf und soll uns nicht egal sein, wenn Ungerechtigkeit passiert. Auch wenn es nur eine kleine Veränderung ist, die wir dabei bewirken, kann das für eine andere Person etwas ganz Grosses bedeuten.

Auf dieser Erde gibt es einfach Dinge, die ungerecht sind und keinen Sinn ergeben.

Bei uns streiten sich Kinder mit den Eltern, ob sie ihn erhalten, den nächsten Schuh von Nike Jordan und an anderen Orten beten sie, ob sie ihn erleben, den nächsten Morgen. Was soll daran bitte fair sein?

Doch ein Stück weit müssen wir auch akzeptieren, dass auf dieser Erde Ungerechtigkeit nie ganz verschwinden wird. Wir sind noch nicht im Himmel!

13

KRITIK

Als ich mit dem Kleiderlabel LOVE YOUR NEIGHBOUR angefangen habe, hat das vermutlich kaum jemanden gekümmert. Doch sobald man in der Öffentlichkeit steht, ändert sich das. Das erleben viele Menschen, die etwas ins Rollen bringen. Die erste Eifersucht keimt auf und man beginnt schlecht zu denken, zu reden und kritisiert jede einzelne Handlung. Selbst, wenn man sich noch nicht einmal mit der Sache oder der Person dahinter beschäftigt hat. Das ist traurig. Man begründet es einfach damit, dass es ja nur menschlich sei, aber ist das wirklich alles? Sind wir einfach nur Opfer von solchen Glaubenssätzen? Ist das einfach so und somit natürlich? Die entscheidende Frage ist hier, ob du in diesem «natürlichen» Denken bleiben oder die Brille wechseln willst.

Wäre es nicht dran, die Brille der Gunst aufzusetzen, statt die Brille der Begierde?

Was wäre, wenn wir gunstvoll mit uns selber und unseren Mitmenschen umgehen würden? Was könnte das wohl für eine enorme Kraft freisetzen? Könnte es nicht sein, dass Menschen dann wieder mutiger würden?

Seit der Stunde NULL von LOVE YOUR NEIGHBOUR war meine erste Motivation, eine Kultur der Liebe mitzuprägen und nicht einfach nur Kleider herzustellen oder zu veredeln. Mein inneres «Warum?» für diese Vision war so gross. Schon seit Längerem hatte ich unter der negativen Kultur um mich herum gelitten und spürte tief in mir drin: «Es gibt nichts Gutes, ausser man tut es!» Manchmal tut es weh, der Fisch zu sein, der in die andere Richtung schwimmt. Wenn neun von zehn Fischen in dieselbe Richtung schwimmen, heisst das aber noch lange nicht, dass das die richtige Richtung ist! Es könnte ja sein, dass der eine, zehnte Fisch den Mut hatte, einen neuen Weg auszuprobieren und damit die anderen neun Fische motivieren und überraschen konnte. #CheersAufDiesenGoldfisch

By the way: Fische werden gestärkt, wenn sie gegen den Strom schwimmen.

Wenn du in deinem Herzen ganz genau weisst, dass es dein Call ist, für himmlische Werte aufzustehen, dann sei so fair und mutig und steh auf! Sieh zu, dass deine Leidenschaft grösser ist als die Kritik oder Eifersucht, die dir früher oder später begegnen wird. Denn Eifersucht ist eine Sucht, die etwas mit Eifer sucht. Übrigens spielt es auch gar keine Rolle, wenn Menschen schlecht reden, denn die Frucht der Eifersucht ist bei den Menschen selbst. Eifersucht entsteht meist da, wo jemand sieht, wie eigene Wünsche und Vorstellungen von anderen gelebt werden. Wenn man sich das vor Augen führt, kann man

By the way: Fische werden gestärkt, wenn sie gegen den Strom schwimmen.

leichter mit Eifersucht und Neid umgehen.

Sich Kritik anzuhören ist dann wertvoll, wenn man sie von Personen erhält, die ganz nah an einem dran sind: dein Partner, deine Familie, enge Freunde, dein Team ... Diesen Leuten gebe ich das Recht, in mein Leben zu sprechen. Es ist wichtig und wertvoll, wenn ich merke, dass Menschen mir Dinge aus Liebe sagen. Aber für die restliche Kritik habe ich gar keine Zeit.

In den vergangenen Jahren haben mich viele Briefe und E-Mails erreicht, in denen sich Menschen bei mir entschuldigt haben, weil sie falsch von mir gedacht hatten. Immer wieder die gleichen Sätze wie: «David, es tut mir sehr leid, dass ich so falsch von dir gedacht habe. Ich dachte, du machst das Ganze nur, um in der Öffentlichkeit zu stehen. Doch dann habe ich dein Buch gelesen oder war an einem Talk von dir und ich war so berührt und mir liefen die Tränen übers Gesicht. Du inspirierst mich total und du veränderst so viel! Bitte vergib mir.» Versteh mich bitte nicht falsch, ich schätze diese Nachrichten total, dass Menschen umkehren und eine andere Brille aufsetzen. Mich macht es wirklich traurig, wie schwer es doch zu sein scheint, erst einmal das Beste von einer anderen Person zu denken. Ja, ich kenne das auch. Da kommen eifersüchtige Gedanken, manchmal passiert das ganz automatisch. Allzu oft sind gerade wir, denen doch LIEBE so viel bedeutet, so drauf, dass wir andere Menschen um das beneiden, was sie haben und leben, und manchmal macht man sie sogar schlecht. Wenn Eifersucht kommt, dann kann man eine Weiche stellen: Schlachtet man diese negativen Gedanken aus und steckt andere damit an oder freut man sich bewusst darüber, dass jemand seine Bestimmung lebt? Ich weiss, es ist nicht leicht, wenn man selbst gar nichts von diesem Erfolg hat – oder noch viel herausfordernder – wenn man ihn sich eigentlich selbst wünschen würde. Doch ich möchte mich ganz bewusst dazu entscheiden, mich mitzufreuen. Und brauche ganz bewusst Liebe für Menschen, die sich für die andere Weichenstellung entscheiden. Das frustriert mich teilweise sehr.

Wahre Liebe ist ausserdem selbstlos, auch dann, wenn das Vis-à-vis Fehler macht. Liebe akzeptiert Fehler von anderen. Um andere Menschen zu lieben, brauchst du nicht gleicher Meinung zu sein. Nein, die Liebe liebt die Einzigartigkeit eines Menschen.

In den letzten Jahren durfte ich viel mit bekannten Persönlichkeiten sprechen. Dabei merkte ich, wie tief der Schmerz bei ihnen sass. Oft konnten sie den Erfolg gar nicht richtig geniessen, da die Stimme der Neider in ihnen grösser war als ihre Dankbarkeit.

Ja, es kann so weit kommen, dass es Zeiten gibt, in denen man die Stimmen der Dankbarkeit gar nicht mehr hört. Bei 95 Prozent Top-Nachrichten kann es trotzdem sein, dass die anderen 5 Prozent Flop-Nachrichten dich komplett aus dem Konzept bringen.

So ging es mir auch ab und zu. Gott sei Dank durfte ich aus diesem Hamsterrad ausbrechen und konnte einen Umgang mit den negativen Stimmen finden. Eine Person, die mir enorm dabei geholfen hat, ist meine Ehefrau. Sie ist einfach so direkt und ehrlich und erinnert mich immer wieder: «David, lass los. Du weisst ja tief in deinem Herzen, wie rein deine Motivation ist. Und wenn der eine oder andere negativ redet, ist das sein Problem.» Dafür bin ihr so dankbar, denn einen hochsensiblen Menschen wie mich nimmt das schon ein wenig mit. Aber heute danke ich Gott, dass ich da grosse Heilung erleben durfte. Es war jedoch ein harter Weg und er hat mich beinahe mein oder eben unser Lebenswerk gekostet ...

Wie cool ist es, wenn wir anderen Menschen von Herzen den Erfolg oder Durchbruch gönnen! An dieser Stelle bedanke ich mich einmal mehr bei den zehntausenden Menschen, die mir in den letzten Jahren so tolle und krasse Feedbacks auf TV-Interviews, YouTube-Videos, das erste Buch oder meine Social-Media-Beiträge gegeben haben. Immer wieder ermutigt es mich, wie viele Menschen da draussen leben, die mit einem guten Herzen unterwegs sind. Ach, ich liebe das! Ihr seid wirkliche Vorbilder, auch für mich. Denn ich erwische mich auch manchmal dabei, wie mir der ein oder andere eifersüchtige Gedanke kommt. Es liegt aber ganz allein an mir, ob ich diesen Gedanken Raum gebe oder sie bewusst loslasse.

Mein Herzenstraum war, ist und bleibt, eine Kultur mitzuprägen, in der Menschen angenommen und geliebt werden, wie sie sind. Eine Atmosphäre zu prägen, in der die Menschen sich selber lieben können. Dann wird Veränderung möglich. Denn dort, wo wir die nächste Person lieben, entsteht ein Raum der Veränderung.

Also lasst uns schauen, dass die Leidenschaft grösser ist als die Kritik. DU entscheidest, welchem von beidem du mehr Gewicht gibst.

14

SELBSTVERANTWORTUNG

Bist du eher ein Hirte oder ein Schaf? Oder doch ein bisschen von beidem? Ein Schaf an sich ist ja relativ dumm. Es frisst den ganzen Tag, liegt herum und macht seinen täglichen Talk: «Määääh!» Und wenn es dann seinen Satz beendet hat, gibt es noch einmal eine Runde: «Määääh!» Aber denkst du, ein Schaf macht sich Sorgen darum, was morgen ist? Die Schafe vertrauen ihrem Hirten so krass, dass sie unbesorgt im Jetzt leben. Da sind sie wie die Kinder. Ein Kind macht sie nie Sorgen, was morgen ist. Es weiss, dass es von den Eltern geliebt wird, dass der nächste Tag gut wird oder es denkt nicht mal daran. Ein Kind lebt einfach im Hier und Jetzt.

Oft verliere ich mich in Sorgen wie: Funktioniert das neu gestartete Projekt? Kommt meine neue Kollektion gut an? Das Verrückte dabei ist, dass ich diese sorgenvollen Gedanken in jeder meiner Lebenslagen wiederfinde. Ich behaupte, dass sie weniger mit der IST-Situation zu tun haben als wir glauben. Wir können wenig besitzen und diese Sorgen haben oder wir können viel besitzen und denken das Gleiche. Ich kenne Leute, die leben ihr gesamtes Leben hier auf Erden am Existenzminimum und machen sich keine solchen Sorgen. Leider kenne ich aber auch Leute, die haben so richtig viel, wollen immer mehr und machen sich viele Gedanken: «Was ist, wenn mal was passiert und das Geld weg ist?» Ich glaube, dass es mehr um das Vertrauen als um den aktuellen Kontostand geht. Wo versteckt sich dein Vertrauen? Heftest du dein Vertrauen an das Geld? Oder hast du deinen Anker woanders ausgeworfen? Was würde sich wohl ändern, wenn du im Glauben laufen und dein Bestes geben würdest? Wenn du einfach ein fleissiger Arbeiter bist und darauf vertraust, dass es gut kommt – und nicht die ganze Zeit schaust, was die Person neben dir hat oder was dir noch fehlt? Wenn du dich darauf konzentrierst, was du hast und wofür du dankbar sein kannst, wird das automatisch dein Vertrauen wachsen lassen.

Leider vertrauen wir Menschen oft mehr dem Versorgungspaket als dem Versorger selbst. Ich sage mir immer, dass ich eigentlich gechillter sein muss, wenn ich meine Wünsche und Sorgen in den Himmel sende. Schliesslich weiss ja nur der liebe Gott, ob ich morgen überhaupt noch da bin. Also weiss er auch, was ich wirklich brauche. Manchmal verhalte ich mich allerdings so, als wüsste ich es besser als er.

Das bedeutet natürlich nicht, dass wir keine treuen Verwalter sein sollten – im Gegenteil! Für das, was uns anvertraut wurde, haben wir Verantwortung. Aber ein treuer Verwalter hat auch das Prinzip der Grosszügigkeit verstanden: Weder verschwenderisch noch geizig zu sein – sondern grosszügig.

Zurück auf die Weide. Wenn es die Schafe gibt, dann gibt es auch die Hirten. Denn was wäre ein Schaf in der Grossstadt? Ja klar, ein verlorenes Schaf, das sich kaum von Abgas ernähren kann. Doch ein gesundes Schaf braucht einen guten Hirten, der seine Schafe auf frische grüne Wiesen bringt. An einen Ort, an dem es gutes Gras gibt. Ein Hirte weiss genau, wie er seine Schafe zu führen hat. Er führt sie mit Liebe und Ruhe. Stellt euch mal einen Hirten vor, der den ganzen Tag seine Schafe anbrüllt. Dem wünsche ich viel Spass dabei, die Schafe wieder einzufangen. Er weiss aber auch, dass er ein dummer Hirte wäre, wenn er ihnen das Gras abreissen und es ihnen vorsetzen würde. Ein guter Hirte führt seine Schafe an einen sicheren Ort und schafft ihnen diesen Raum zum Grasen!

Das ist für mich auch das Bild von einem guten Leiter: Er weiss genau, wann er den Teammitgliedern was weitergeben und zutrauen kann. Es wäre sinnlos, wenn man ihnen alles Schwierige abnehmen und sie immer nur die einfachen und bequemen Dinge tun lassen würde. Ein Teamleiter hat es sich hoffentlich auf die Fahne geschrieben, dass die Teammitglieder auch wachsen sollen und dürfen. Natürlich ist hierfür die Voraussetzung, dass man lernbereite Leute im Team hat. Lange habe ich gedacht, wenn es darum ging, Schwieriges zu delegieren oder einfach bei Sachen, die gemacht werden mussten: «Nee, ich mache das selbst, man kann ja dankbar sein, dass die Leute überhaupt im Team sind.» Bis ich realisiert habe, dass diese Einstellung nicht ganz korrekt ist. So habe ich begonnen, mir mehr und mehr Gedanken zu jedem einzelnen Teammitglied zu machen. Ein paar haben Herzen, die es bereits lieben, zu dienen, andere sind einfach gerne bei den Highlights dabei und wieder andere lassen sich für alles begeistern. So liegt es an mir, wie ich mit den einzelnen Teammitgliedern umgehe. Dabei geht es nicht darum, sie zu belehren oder gar zu erziehen. Sondern vielmehr darum, Dinge vorzuleben und einen Raum zu schaffen, in dem sie Veränderung angehen können.

Mich begeistert es zu sehen, wie Menschen wachsen. Gutes, kraftvolles und nachhaltiges Wachstum entsteht da, wo der Raum und die Atmosphäre stimmen und richtig gegossen wird. Diese Rahmenbedingungen zu schaffen, braucht immer wieder neue Weisheit, Erfahrung und somit auch Charakter.

Wenn Menschen beginnen, ihr Leben selbst in die Hand zu nehmen, statt sich vom Wind herumtreiben zu lassen, ist das faszinierend.

Besser mal durch den Sturm gehen, als immer abzuwarten, bis der Sturm vorüberzieht.

SELBSTVERANTWORTUNG

Lasst uns Menschen sein, die einander stärken, wenn es windet. So können wir immer mehr Verantwortung übernehmen. Immer wieder kostet es ein Stück Überwindung, doch als Überwinder werden wir Orte entdecken, die einfach nur kostbar sind. Zuerst finden wir sie für uns selbst und dann können wir plötzlich andere an diese Orte führen oder sie dazu befähigen, sie selbst zu entdecken.

15

DURCH DEN STURM

DURCH DEN STURM

«Du kannst doch nicht an so dunkle Orte gehen! Weisst du eigentlich, wie gefährlich das ist?», «Die müssen selber auf sich aufpassen. Du musst denen doch nicht helfen.», «Das sind doch voll die Sünder, die haben total den schlechten Einfluss auf dein Leben.», «Was, du gehst wirklich zu diesen Obdachlosen? Die tun dir gar nicht gut, die konsumieren bestimmt alle Drogen oder sind in krumme Dinge verwickelt. Das hast du doch gar nicht nötig.» Immer wieder höre ich solche Stimmen.

Stopp mal schnell! Wenn ich zum Beispiel das Leben von Jesus anschaue, sehe ich, dass er an Orten unterwegs war, wo es dunkel war. Ja, sogar am Kreuz hing er in der Mitte von zwei Sündern – nur im Gegenteil zu mir oder uns hatte er nicht gesündigt. Er hat es verstanden, besser gesagt, er hat es vorgelebt, dass das Licht nur dort leuchten kann, wo es dunkel ist!

Es gab Momente in meinem Leben, in denen ich voller Freude und Liebe dran war, anderen Menschen zu helfen. Und dann zog plötzlich ein Sturm auf. Einmal planten wir mit Begeisterung einen Strasseneinsatz im Ausland. Dann lief allerdings dieses und jenes schief. Ich musste in die Notaufnahme, da meine Rückenschmerzen dermassen heftig waren, dass mir die Tränen nur noch so übers Gesicht liefen. Ich hatte schon Angst, dass ich den Flug auch noch verpassen würde. Gleichzeitig hörte ich, dass bald eine heftig hohe Nachsteuer-Rechnung ins Haus flattern würde und so weiter. Ja, so eine Anhäufung von vielen doofen News, obwohl du dich gerade für einen Einsatz entschieden hast, bei dem du einen Unterschied machen und anderen dienen wolltest. Das ist doch total unfair oder? Du entscheidest dich, Licht und Wärme zu verbreiten, und gerätst in so einen Sturm hinein. Manchmal scheint es, als hätte da die dunkle Seite des Lebens nicht so Freude an dem, was wir tun! Kennt ihr das Gefühl, wenn es immer mehr wird? Wenn man entmutigt denkt: «Hey nein, jetzt mache ich gar nichts mehr und werde passiv! Es kann doch nicht sein, dass nur so ein Müll passiert, wenn ich gerade dabei bin, etwas Gutes zu tun.» Möglicherweise kommen dann noch kritische Stimmen, die sowieso nicht gutheissen, was man macht. Dann beginnt man plötzlich, Gründe dafür zu suchen, warum manches gerade so läuft, anstatt sich Gedanken darüber zu machen, wie man sich am besten durch die Situationen hindurchmanövriert. Eine kurze Bestandsaufnahme ist schon hilfreich, aber keine ellenlange Liste mit Gründen, warum ich so eine Aktion nicht mehr machen sollte.

Die meisten von uns haben aus dem Leben wohl Folgendes gelernt: «Wenn es stürmt, warte ab, bis der Sturm vorbei ist.» Doch wie willst du an Stärke zunehmen, wenn du nicht lernst, wie man sich im Wind bewegt und fest hinstellt? Genauso werden Schwimmer, die gegen den Strom schwimmen, am

Schluss stärker sein als Menschen, die flussabwärts schwimmen. Radrennfahrer, die bergaufwärts trainieren, werden beim Wettkampf stärker sein als solche, die immer nur bergabfahren.

Mich faszinieren Menschen, die mit einem feinen Grinsen um die Mundwinkel durch einen Sturm spazieren und sich den Situationen stellen, statt abzuwarten, bis der Wind sich legt!

So etwas muss und kann gelernt werden. Ganz praktisch könnte das bedeuten, dass du das nächste Mal, wenn es anfängt zu nieseln, im Regen tanzt. Stell dir vor, es kommt eine Situation, die unangenehm für dich ist. Aber du versteckst dich nicht gleich, sondern stellst dich dieser Situation mit Entschlossenheit und sogar einer gewissen Leichtigkeit und überwindest sie.

Mir helfen dabei folgende Momente: Ich bin im Gym und nehme mir vor, 40 Minuten Laufbandtraining zu machen. Nach 30 Minuten bin ich allerdings komplett ausgepowert. Ab jetzt feiere ich jede einzelne Minute, bis ich die 40 Minuten geschafft habe. Mit der Zeit wurde ich mental stärker und habe dann sogar mehr als die 40 Minuten gemacht. Dabei ist in mir eine Freude entstanden und ich fühlte mich wie ein Überwinder. Ich denke, dass wir solche Momente brauchen, in denen wir uns selbst trainieren, stärker zu werden und uns selbst feiern! Wenn man Spitzensportler fragen würde, welche Wiederholung von zehn die wichtigste ist, wäre die Antwort bestimmt: die elfte!

Wo ist der Bereich in deinem Leben, an dem du ganz praktisch an Stärke zulegen solltest? Wo ist es dran, Grenzen zu setzen oder gar zu lernen, was persönliche Grenzen sind? Gibt es Bereiche, in denen du aufräumen musst und Gewichte loslassen solltest, damit du frei und stark für den nächsten Sturm sein kannst? Eventuell ist es an der Zeit, einen Freund oder Mentor zu fragen, ob er dich dabei unterstützen könnte. Denn einmal mehr: Das Leben ist nicht da, um zu überleben, sondern um zu leben. Wenn wir wissen, wie wir Stürme meistern können, dann haben wir eines der wichtigsten Dinge im Leben gelernt.

Als ich mit meiner Frau zusammengekommen bin, hat es sie noch relativ schnell umgehauen, wenn ein Sturm kam. Und das, in meinen Augen, bei bereits kleineren Stürmen. Für sie waren es jedoch grössere Stürme, da sie bestimmte Situationen zum ersten Mal erlebte. Wenn ein Mensch in einem behüteten Elternhaus aufgewachsen ist, musste er meist nicht gezwungenermassen lernen, welche Bedeutung Kämpfen hat. Doch mir war es sehr wichtig, sie darin zu unterstützen, dass sie zu einer Kämpferin wird. Ich finde es traumhaft, wenn ich eine Frau an meiner Seite habe, die zwar ein Prinzessinnen-Herz hat, die aber auch weiss, wie man mit dem Pfeilbogen durch den

Wald geht, falls der Prinz gerade unterwegs ist. Und so hatten wir ganz normale «Fights» im Leben und sie wurde von Sturm zu Sturm gestärkt. Immer mehr habe ich darauf verzichtet, ihr ein Stück der «Lösungen» zu schenken. So wurde sie immer mehr befähigt. Heute ist sie eine so unglaublich starke Frau, die mich immer wieder überrascht und mich lehrt, meine «Fights» durchzustehen! Bei uns zu Hause ist es eine Kultur geworden, in der wir es lieben, stärker zu werden und an uns zu arbeiten. Wir wollen uns einfach nicht die ganze Zeit von Ausreden oder Prägungen bestimmen lassen. Es ist viel schöner, wenn man lernt, wie man sich im Wind bewegt. Mit der Zeit entdeckt man sogar den grossen Vorteil, wenn es von hinten windet und man durch den Rückenwind einen unglaublichen Antrieb bekommt.

Etwas vom Stärksten, das ich persönlich erlebt habe, ist, wenn man als Team durch den Sturm geht. Sei dies mit einem Freund, mit Gott, mit deinem Partner oder wem auch immer. Gemeinsam als Team kommt man durch die allermeisten Stürme im Leben. Ich habe allerdings auch Situationen erlebt, in denen das nicht der Fall war. Dabei erinnere ich mich gut an meine letzte Rückenoperation. Ein Freund von mir und Elena begleiteten mich bis zum OP-Saal. Dann kommt da ein Moment, in dem du bemerkst, dass du in einem fremden, weissen Hemd daliegst und dich nur noch eine Tür vom Operationstisch trennt. Du weisst nicht, wie diese Operation ausgehen wird.

Dies sind für mich die Momente, ich denen ich sehr dankbar bin, dass ich einen lieben Gott bei mir habe und mich seinen Händen anvertrauen kann!

Aber natürlich gab es in meinem Leben auch Momente, in denen ich nicht wirklich Freude in mir verspürte. Da gab es Kämpfe, die ich allein kämpfen musste, und das war alles andere als einfach. Doch im Rückblick weiss ich, dass mich diese Momente zu einem starken Kämpfer gemacht haben.

Manche Dinge muss man einfach austragen. Wenn man sich dem nicht stellt, bleibt man Opfer dieses Kampfes! Die Umstände werden einen weiter begleiten und quälen. Hey, aber wie kraftvoll ist es, sich mit Siegeswillen dem «Gegner» zu stellen?

Käme wohl Roger Federer – einer meiner grössten Helden, den ich ja so gerne mal treffen würde – auf die Idee, auf den Tennisplatz zu gehen und mal zu schauen, wie es heute so läuft? Nein, er würde mit dem klaren Willen, zu siegen, auf den Platz gehen. Dieser Mann ist wohl eines der grössten Idole unserer Zeit, was mentale Stärke und Leidenschaft angeht!

Hand aufs Herz, wir lieben doch alle Romane oder Filme mit starken Emotionen. Da wäre der gigantische Film «Gladiator», die Story von David und Goliath. Oder stell dir eine persönliche Story von dir und … vor? WOW! Was für gewaltige emotionale Momente im Film Braveheart, als der Sieg heimgebracht wird. Wir lieben doch ALLE diese Momente und wir wünschten, wir können solche Momente auch erleben. Dazu sage ich dir jetzt: Ja, das kannst du auch erleben! Stelle dich den Stürmen in deinem Leben und sage ihnen den Kampf an. Kämpfe die guten Kämpfe und lass los, wo es an der Zeit ist, loszulassen!

Ich wünsche uns allen neue Kraft für die Kämpfe, die es auszutragen gilt. Lasst uns mit der richtigen Einstellung in diese Kämpfe gehen – die kleineren Kämpfe mit einem Lächeln starten und mit einem Lächeln beenden. So geht unsere Freude nicht verloren. Ich bin überzeugt, gewissen Herausforderungen sollte man besser mit einem Lächeln statt mit Angst begegnen.

Wovor sollten wir denn überhaupt Angst haben? Vor einer Situation, die noch nicht einmal eingetroffen ist? Das ist verschenkte Zeit. Wenn wir begreifen, welche Kraft und was für ein Potenzial in uns hineingelegt wurden, merken wir meist, dass das, was wir bis jetzt als Kampf angeschaut haben, gar keine Kämpfe sind. Wir haben einfach die falsche Brille getragen.

Also: Change your glasses und nutze fröhlich und dankbar den Wind, den es in deinem Leben gibt. Selbst wenn dein Herz bereits an einem Ort des Friedens ist, ist diese Welt noch lange nicht der Ort, an dem es keinen Schmerz und keine Tränen mehr gibt. Doch wir können das Beste daraus machen.

16

PARTNERSCHAFT & EIFERSUCHT

PARTNERSCHAFT UND EIFERSUCHT

Hui, warum ich über dieses Thema schreibe? Ganz einfach, es ist eines der Themen, die ihr euch über meine Social-Media-Kanäle gewünscht habt. Hier gebe ich euch einen Einblick in meine Ansichten und Erfahrungen. Dabei ist es überhaupt nicht so, dass ich wüsste, wie eine Partnerschaft funktioniert. Aber eventuell gibt es trotzdem den einen oder anderen Punkt, der jemandem von euch helfen kann.

Im Grunde ist es bei einer Beziehung wie bei der Erziehung von Kindern: Man kann ihnen sagen, was man möchte, doch letztlich machen sie das, was die Eltern ihnen vorleben. So ist es auch in einer Partnerschaft: Statt zu versuchen, den Partner zu erziehen oder manchmal auch zu verziehen, ist es an der Zeit, das gewünschte Verhalten selbst zu leben.

Immer wieder fragen mich Leute: «David wie finde ich meinen Traumpartner? Würdest du dich auch auf einer Singleplattform anmelden, wenn du nochmal Single wärst?» Zum ersten Punkt sage ich jetzt einfach mal schnell «Stopp!» Wie findest du deinen Traumpartner? Bei der Haltung ist definitiv etwas falsch. Meine Antwort: «Sieh zu, dass du selbst ein Traumpartner wirst.»

So viele Leute haben ganze Listen mit Punkten, die der potenzielle Traumpartner können oder erreicht haben muss. Wenn diese nicht zutreffen, fällt er oder sie schon mal durchs Raster. Leider haben ganz oft Menschen diese hohen Ansprüche, bei denen man bereits auf viele Kilometer Entfernung merkt: Hui, da muss sich noch was verändern! Versteht mich nicht falsch, aber es kann doch nicht sein, dass wir mit so einer Liste herumlaufen und die potenziellen Partner durchscannen. Klar darf man Vorstellungen und Wünsche haben. Aber vielleicht wäre es angebracht, eine lockere «Date-Kultur» zu haben, in der man dem Gegenüber und sich selbst überhaupt eine Chance gibt, statt im Vorfeld schon zu wissen: «Nein, das wird nichts!» Aber natürlich, wenn es null passt und absolut keine Anziehung da ist, braucht man jemanden auch nicht zu daten! By the way zum Thema Daten: Ich meine hier nicht mehrere Leute gleichzeitig, das ist schwachsinnig und respektlos! Aber allgemein: Einfach locker bleiben und #chilltherabbit-Modus einschalten! Dann die ganzen anderen Fragen wie Singleplattform etc: «Würdest du dies und jenes tun?» Hey, es spielt gar nicht so eine Rolle, was ich als David machen würde, denn jeder ist so anders. Die Frage solltest du dir selbst stellen und am besten in dich hineinhorchen, was deine Motivation und dein «Warum?» dahinter ist. Ob du dich auf einer Singleplattform anmelden willst oder nicht, musst du wirklich selber entscheiden. Jeder soll hier seinen eigenen Weg gehen. Ich kenne ein paar Leute, die so ihren Partner gefunden haben.

Auf eine Sache möchte ich zu diesem Thema noch eingehen und zwar auf die Eifersucht in einer Liebesbeziehung. Sie ist häufiger und schwerwiegender, als man es sich vorstellt. Immer wieder begegne ich Menschen, die ganz stark darunter leiden. Da ich selbst einmal Opfer dieser Eifersucht war, äussere ich mich hierzu sehr gerne. Nur zu gut weiss ich, wie es ist, wenn man an der Eifersucht fast zugrunde geht, wenn es sich anfühlt, als würde man ständig gefoltert. Teilweise war es so schlimm, dass ich dachte, ich würde daran ersticken. Bei mir kam noch eine extrem starke Verlustangst dazu, da ich ja bereits einen geliebten Menschen durch den Tod verloren hatte. Zuerst einmal ist es wichtig herauszufinden, warum diese Eifersucht überhaupt da ist. Nachdem ich meine Verlustangst aufgearbeitet hatte, merkte ich, wie Stück für Stück mehr Heilung in mein Herz hineinkam. Ich fühlte mich wie auf einem Boot auf hoher See, aber nicht mehr jede Welle konnte mich überrollen, sondern nur noch jede dritte. So hatte ich also zwischen den Wellen immer ein wenig Zeit, um mich zu erholen. Allerdings war es längst noch nicht angenehm, die Eifersucht war weiterhin da.

Im Nachhinein ist mir klar, dass diese Eifersucht viel mehr mit meinen Gedanken als mit meinem Vis-à-vis zu tun hat! In dieser Zeit hätte ich wohl die treueste Nonne der Welt zur Partnerin haben können und immer noch Angst gehabt, dass sie in den Club geht, wenn ich schlafe, und es mit einem anderen Typen verhängt. So eine Eifersucht ist einfach so fehl am Platz und quält den Partner. Dieses Denkschema hat etwas Teuflisches und kann am Ende unglaublich viel zerstören, manchmal werden ganze Familien dadurch auseinandergerissen.

Als ich mich auf die Reise gemacht habe, mich bewusst meiner Eifersucht zu stellen, war das sehr hart. Denn ich habe ein paar unschöne und unangenehme Dinge an mir bemerkt. Da ich aber Menschen helfen möchte, die ähnliches erlebt haben, erzähle ich hier auch gerne davon.

Die meisten Befürchtungen, was mein Gegenüber alles tun könnte, waren unter anderem meine eigenen Gedanken. Dinge, die ich auch selbst machen könnte. Wenn ich die ganze Zeit gequält gedacht habe, meine Partnerin lernt jetzt im Ausgang jemanden kennen und geht fremd, waren das Gedanken, die ich selber hatte. Mit anderen Worten: Meine kranken Gedanken habe ich auf meine Freundin projiziert. Nur weil ich diese Gedanken von mir kannte, konnte diese Eifersucht so viel Kraft haben. Bestimmt gibt es Partner, die diese Verletzlichkeit noch ausnutzen. Einmal musste ich selbst erleben, wie schrecklich es ist, wenn die Partnerin diese Schwäche zu ihrem Vorteil nutzt und in der Wunde herumhüpft!

Das Schönste ist natürlich, wenn du einen Partner hast, der mit dir diese

Je mehr ich erkannte, wer ich eigentlich bin und was alles in mich hineingelegt wurde, desto kleiner wurde meine Eifersucht.

Reise der Heilung antritt. Aber hey, das ist nicht selbstverständlich, denn es braucht viel Kraft, Liebe und Ausdauer.

Rückblickend weiss ich: Das Beste und Gesündeste, was man machen kann, ist, an sich selbst zu arbeiten und seinen persönlichen Wert herauszufinden. Je mehr ich erkannte, wer ich eigentlich bin und was alles in mich hineingelegt wurde, desto kleiner wurde meine Eifersucht. Denn ich habe mich nicht mehr automatisch mit anderen verglichen. Als ich wusste, wer ich bin und dass es mich nur einmal gibt, wollte ich auch die beste Version von mir sein. So wuchs mein Selbstwertgefühl Stück für Stück und ich lernte zu verstehen, was mein Vis-à-vis an mir schätzte oder bereits sah.

Nachdem ich ein paar schräge Dinge in Sachen Beziehungen erlebt hatte und dann eine Weile keine Freundin mehr hatte, dachte ich, ich hätte die ganze Eifersuchtskiste nun hinter mich gebracht. Doch als ich dann mit Elena zusammenkam, haben mich einzelne Züge wieder eingeholt. Aber Gott sei Dank waren das nur einzelne Elemente, die heute komplett weg sind! Ja, es gibt Hoffnung, wenn du davon betroffen bist! Mit so vielen Sachen hatte ich anfangs Mühe. Aber als ich Elena und ihr Wesen besser kennenlernte, merkte ich, dass ich bei ihr keinen Grund zur Eifersucht hatte. Nur weil andere Männer meine wunderschöne Frau anschauten, musste ich ja wohl nicht wütend auf Elena sein. Das wäre ja crazy! Yes, aber so krank waren diese Gedanken, die von der teuflischen Eifersucht getrieben waren! Wenn einer sie lang angeschaut hat, habe ich ihr sogar noch Vorwürfe gemacht, warum sie sich auf diese oder jene Art verhalten hat, obwohl Elena überhaupt nicht so eine Person war oder ist, die auf einen Flirt eingeht. Das ist ja das Krasse!

Zusammenfassend würde ich sagen: Entdecke deinen eigenen Wert, setz die Brille der Eifersucht ab und schau dein Gegenüber durch die richtige Brille an. Schenk deiner Partnerin Glauben, wenn sie sagt, dass alles okay ist, und lerne, deine eigenen Gedanken zu kontrollieren.

Wichtig ist auch: Dein Partner ist nicht für deine Eifersucht verantwortlich. Auch dann nicht, wenn du bereits hintergangen worden bist. Wenn du in eine neue Beziehung gehen möchtest, solltest du zuerst die Altlasten aufräumen. Sonst kommen nur Chaos und Verletzung dabei heraus.

17

AUSSEHEN

«Oh, was für ein trainierter Body!», «Okay, hast du diese Frau da gerade schön gefunden?», «Crazy, dieser Dude, der ist ja mal heftig muskulös!» «Huch, die ist so dünn, die schaut bestimmt übel krank auf ihre Ernährung.», «Okay ja, wenn ich so viel Zeit hätte wie sie, könnte ich auch häufiger trainieren, aber es gibt ja schliesslich noch Leute, die arbeiten müssen.»

Na, wem kommen diese Gedanken bekannt vor? Hand aufs Herz, in unserer heutigen Zeit ist es normal geworden, dass sich dermassen viel ums Aussehen und das eigene Wohlbefinden dreht. Ständig versucht man, sich neu zu erfinden und möchte dieser «Ideal-Linie» entsprechen oder sie sogar noch übertreffen. Dazu kommt die Blogger- und Influencer-Szene mit ihren Bildern, die uns stark prägt. Und zack sind die Gedanken da, dass man es genauso machen müsste, die haben doch schliesslich Erfolg.

Hey Stopp! Pausentaste. Genau! Sie haben damit Erfolg und sie gehen ihren Weg. Jeder von uns sollte anfangen, seinen eigenen Weg zu gehen, sogar, wenn er manchmal in die «falsche» Richtung führt. Wenn man den eigenen Weg geht, läuft man manchmal auch durch Gelände, das noch keiner betreten hat. Da gibt es eventuell mal eine Schlucht, dann kehrt man um, und läuft anders weiter. Schliesslich bleibt man ja nicht dort stehen und wartet, bis sich der Abgrund von allein schliesst. Falls du allerdings denkst, das wäre der Fall, Dude, dann gönn dir mal kurz eine Pause und trink ein Päckchen Orangensaft, das tut echt gut!

In den letzten Jahren habe ich mich auch ab und zu mit diesen Gedanken erwischt: Dies und jenes sollte ich noch trainieren, weil ich jemanden gesehen habe, der alles gibt und ich dann weiss, dass ich auch noch mehr trainieren könnte. Das Beste, was ich für mich gelernt habe, ist: Nicht, weil ich damit anderen gefalle möchte oder weil es gerade im Trend ist, trainiere ich. Sondern, weil ich meinem Körper Achtung schenken, für ihn Sorge tragen und mich in ihm wohlfühlen möchte. Nur weil ich jetzt zwei Rückenoperationen hatte und jeden Tag seit über sieben Jahren Schmerzen habe, nehme ich das nicht als Ausrede und lasse mich gehen. Trotz der Rückenschmerzen mache ich alles, was möglich ist. Nie wieder werde ich so viele Gewichte heben wie früher, aber das muss ich ja auch nicht. Viel wichtiger ist, dass ich ein diszipliniertes Verhalten lerne und zwar so, dass mir die Freude daran nicht vergeht. Auch du kannst das mit deiner Situation tun! Im Rahmen deiner Möglichkeiten und mit Konsequenz. Geh dein Tempo, aber tue etwas für deinen Körper!

Wenn dein Körper fit ist, gibt dir das selbst Lebensfreude und du fühlst dich automatisch auch im Alltag viel wohler. Dabei spreche ich nicht von einem Sixpack! Sondern von einem Körper, in dem man sich selber wohlfühlt!

Auch wenn das mehr Kilogramm sein mögen als der Durchschnitt! Wenn du in einem Körper lebst, in dem du dich nicht wohlfühlst, obwohl du etwas dagegen unternehmen könntest, stimmt etwas nicht. Am Anfang braucht es Disziplin, die ersten Schritte zu gehen. Doch wenn man dann jeden einzelnen Fortschritt feiert, kann das auch richtig zur Freude werden.

Vor kurzem habe ich für vier Wochen komplett auf Zucker verzichtet. Ich war überrascht, zu sehen, wie gut das meinem Körper getan und wie sich das auf mein Wohlbefinden ausgewirkt hat. Seither nehme ich allgemein nicht mehr so viel Zucker zu mir und tatsächlich habe ich jetzt mehr Lebensenergie und bin viel positiver drauf.

Wenn Sport krankhaft wird, wird es gefährlich – wenn man nicht mal einen Tag ohne Gym oder sonst eine Trainingseinheit auskommt, wenn man aufhört, mit Freunden normal essen zu gehen, da man jedes Gramm zählt, um auch ja seinem Ideal näherzukommen. Du wirst nie ideal werden, solange du nicht du selbst sein kannst. Sorry for that! Aber wir müssen echt mehr und mehr wir selbst sein.

Wir dürfen uns von Mitmenschen inspirieren lassen. Aber zuerst müssen wir verstehen, dass wir selbst wunderbar sind.

Dann können wir auch anfangen, etwas zu verändern, um uns in unserem Körper noch wohler zu fühlen. Wie schön ist es, an einen Punkt zu kommen, an dem man sagt: So fühle ich mich superwohl und bin gleichzeitig noch gesünder!

Stell dir vor, du schaust in den Spiegel und kannst sagen: Ich gefalle mir so, wie ich bin. Das ist doch etwas Wunderbares! Gott hat uns so einzigartig geschaffen. Lasst uns ihm doch den Dank zurückgeben, indem wir auch dankbar auf uns schauen! Stell dir vor, dein Körper ist ein Haus und für dieses Haus sollst du Sorge tragen. Es ist ein wunderbares Geschenk, das dir gegeben wurde.

In den vielen Spitälern, in denen ich war, habe ich so viele Menschen getroffen, die sich wünschen, sie hätten einen neuen Körper oder eine neue Chance, einige Dinge anders zu machen. Das soll eine Ermutigung sein, aktiv zu werden und nicht passiv durchs Leben zu gehen! Das Leben und unser Körper sind ein Geschenk. Doch manchmal treten wir es mit Füssen, da wir so abgelenkt von unnötigen Dingen oder noch voller Schmerz aus der Vergan-

genheit sind. Wir probieren, das mit irgendeiner Maske zu überspielen. Aber glaube mir, die schönsten Treffen waren noch nie die Maskenbälle, sondern die Treffen, an denen Menschen einfach sie selbst und echt waren. Zum Beispiel beim Lagerfeuer oder ganz gemütlich mit deinen Freunden zu Hause.

Lasst uns daran arbeiten, dass wir uns wieder selbst lieben und uns so annehmen können, wie wir sind. Oder wie fühlt es sich an, wenn du jemandem ein unglaubliches Geschenk voller Freude und voller Liebe machst, es diese Person dann mit Füssen tritt oder nicht beachtet? Das tut weh und ist gerade mal ein Abklatsch davon, wie Gott sich fühlen muss, wenn er sieht, wie wir teilweise mit unserem Leben umgehen. Ich denke, es ist an der Zeit, dankbarer zu sein und den Geschenken, die wir erhalten, Liebe, Respekt und Ehre zu erweisen. Gott gegenüber dankbar zu sein, dass er dich erschaffen hat!

Falls du einen dieser Schritte wagen möchtest, wünsche ich dir mega viel Kraft und Disziplin dabei. Du wirst relativ schnell merken, wovon ich hier schreibe. Am leichtesten wird es dir fallen, wenn du dein persönliches «Warum?» für diese Reise findest, statt dir nur Bilder deiner Schönheitsideale anzuschauen. Wenn dein «Warum?» gross genug ist, wird auch deine Motivation und Disziplin stark genug sein, es umzusetzen. Be strong and never forget: To love yourself is very important! Denn wie willst du jemanden lieben oder motivieren, wenn du dich selbst nicht liebst?

18

SEI EINFACH DU

Meine Lebenseinstellung ist eher «unschweizerisch». Damit polarisiere ich schnell. Mich kann man mögen oder nicht – ein Dazwischen ist schwierig. Wie schön ist es, einfach man selbst zu sein und nicht ständig darüber zu grübeln, was jetzt andere denken oder sagen. Immer wieder muss ich mich dazu entscheiden, auf das zu schauen, was mir in mein Herz gelegt wurde. Auch und gerade dann, wenn es Zeiten als Visionär und Pionier gibt, in denen man nicht verstanden oder gar akzeptiert wird. Da ist es umso wichtiger, man selbst zu sein und seine Vision genau zu kennen. Da gilt für mich persönlich nur eines: Halte an der Vision fest und setze dein Vertrauen auf Gott.

Etwas vom Wichtigsten im Leben ist, dass du du selbst bleibst. Denn es wäre schade, wenn es dich eine Zeit lang nicht gäbe – denn dich gibt es ja nur einmal. Somit bist du genau richtig gemacht.

Hättest du keinen Sinn auf dieser Erde, würdest du nicht existieren.

Stell dir vor, du ahmst irgendeine Person nach und bist nicht du selbst. Was hätten dann dein Partner, deine Familie oder deine Freunde von dir? Okay, ich gebe zu, sie hätten eventuell wenigstens oder hoffentlich gute Unterhaltung. Aber viel schöner ist es, wenn du einfach du bist. Das ist einfacher, wenn du ein Umfeld hast, in dem du einfach du sein darfst. Wenn du erst einmal herausgefunden hast, wer du eigentlich bist, dann willst du gar nicht mehr eine andere Person sein, davon bin ich überzeugt. In dir steckt so unglaublich viel Gutes und so viel Potenzial, etwas in Bewegung zu setzen! Du hast bereits so viel erhalten in deinem Leben und wenn du noch den einen oder anderen Schlüssel findest, dann kann es so richtig abgehen. Das muss nicht heissen, dass jeder ein Unternehmen oder ein Team aufbaut. Manchmal könnte man meinen, jeder muss etwas aufbauen, damit er wer ist. Es kann aber auch umgekehrt sein: Jemand weiss, wer er ist und was seine Gaben sind, und baut deshalb etwas auf. Es kann sein, dass du ein genialer Familienvater werden kannst, wovon du bis jetzt vielleicht nur einen Teil gelebt hast, da du gar nicht wusstest, was Papa Gott eigentlich in dich hineingesteckt hat. Aber es liegt an dir, dies zu entdecken.

Kürzlich sagte mir jemand: «Ich bete, dass ich in eineinhalb Jahren auch mal in die Ferien gehen kann.» Da habe ich geantwortet: «Das ist wunderbar. Ich würde das Beten noch mit Arbeiten kombinieren, dann ist das super realistisch.» Ich liebe es, wenn Menschen Wünsche haben und dafür beten. Aber noch viel mehr liebe ich es, wenn sie auch für diese Wünsche arbeiten. Natürlich ist mir bewusst, dass nicht jeder Mensch auf alles auf dieser Erde eine Chance hat. Aber zu diesem Punkt der Einsicht komme ich persönlich erst dann, wenn ich es wirklich probiert habe. Alles, was vorher ist, kann eine Ausrede sein, fehlende Motivation, Angst vor dem Versagen oder auch das Versäumnis, das Potenzial zu erkunden, das in dir steckt!

Seit ich ich selbst bin, gibt es verschiedene Leute in meinem Umfeld, die mich einladen zu Motivations-Gesprächen oder um sie persönlich in verschiedenen Bereichen ihres Lebens zu coachen. Natürlich kann ich nicht überall zusagen, denn in meinem Leben läuft bereits zu viel. Deshalb habe ich mir überlegt, wie ich das trotz der vielen Termine machen kann. Also habe ich ganz simpel ein paar ermutigende Produkte entworfen oder von anderen übernommen und auf meine eigene Page gestellt.

So zum Beispiel die «Hours of Power». Eine coole Fernsehsendung voller Kraft für die eigenen Träume und das Leben. Denn manchmal fehlt einem nur noch der eine oder andere Schlüssel, um seine Träume in die Realität umzusetzen oder ein Stück mehr in die Freiheit zu kommen. Oder auch ein super Angebot: die «Dream&Vision-Days» auf Mallorca. Dort hat man die Möglichkeit, in einer anderen Umgebung die ersten Schritte zum Unternehmer zu wagen. Denn eine Vision ohne Taten bleibt ein unerfüllter Traum. Taten ohne eine Vision sind verlorene Zeiten. Aber eine Vision, gefolgt von Taten, kann die Welt ein Stück verändern, auch wenn es die eigene Welt ist. Wer weiss, vielleicht ist auch für dich etwas dabei!

Wenn man sein persönliches, wirkliches ICH finden will, sage ich meinem Umfeld immer: «Geh zurück in deine Kindheit. Als du noch im Bauch deiner Mama warst, hast du dir noch keine Sorgen gemacht und warst einfach wohlbehütet. Auch als du auf die Welt gekommen bist, warst du immer umsorgt, man hat dich getragen, du wurdest geliebt und ernährt. Du musstest dich nie darum sorgen, wie das Essen am nächsten Tag auf den Teller kommt.» Wir können viel über das Leben lernen, wenn wir die Kindheit genau betrachten. Das Leben wird ja meistens erst dann «anstrengend», wenn die Teenager-Phase kommt, nicht wahr? Unter anderem lernt man dann, immer selbständiger zu sein und beginnt mehr und mehr, Verantwortung zu übernehmen. Das Entdecken nimmt neue Dimensionen an. Eltern bringen ihrem Kind bei, in die Selbständigkeit hineinzuwachsen, wenn sie es lieben. Doch man lernt in dieser Teenager-Phase auch noch etwas anderes: sich Sorgen zu machen, weil einem nicht mehr alles einfach so zufällt. Plötzlich merkt man, dass doch nicht immer alles so schön und easy ist im Leben. Man muss schliesslich etwas dafür tun. Diese Erkenntnis kann auch super sein, damit man den Respekt und die

Dankbarkeit den Eltern gegenüber nicht verliert oder vielleicht zum ersten Mal lernt. Wenn man mitten in dieser Phase drinsteckt, kann das saumässig emotional sein! Aber wenn man später zurückschaut, sieht man, wie herrlich es ist, umsorgt und geliebt zu werden und sich keine Sorgen machen zu müssen um morgen.

Nun hat es mit Eigenverantwortung zu tun, dass man arbeiten geht und sich ein Umfeld sucht, in dem man man selbst sein kann. Man kann einiges im Leben selbst mitgestalten. Vor allem, wenn man erkennt, dass man selbst gerne geliebt wird. Dann kann man wiederum beginnen, seine Mitmenschen zu lieben! Manche nennen es Karma, für mich heisst das ganz einfach Säen und Ernten! Es ist ganz natürlich: Du säst im Leben Sonnenblumensamen und dann werden wohl kaum Karotten rauskommen. Es ist aber auch natürlich, dass nicht jeder Same aufgeht im Leben. Das ist auch super so, denn unsere Motivation zu säen, soll ja nicht nur sein, selbst ernten zu können. Liebe bedeutet, etwas zu geben, ohne etwas zu erwarten. Natürlich ist es schön, wenn Erntezeit ist. Aber lasst uns Menschen sein, die sich mehr auf die Säzeit konzentrieren und somit freudige Säer werden. Im Leben ist es so oder so schöner, ein Geber als ein Nehmer zu sein. Das wirst du auf der Suche nach deinem wirklichen Du merken. Wenn du die Möglichkeit hast, anderen Menschen zu helfen und sie freizusetzen, ist das so etwas Kraftvolles! Wenn du das aus Freude und nicht zu deiner eigenen Bestätigung machen kannst, ist es ein Hochgenuss.

Wenn du herausgefunden hast, dass du einfach sein darfst, ohne etwas zu leisten, dann wird dein Leben um einiges schöner und relaxter. Ich bin froh, dass ich gemerkt habe, dass ich nichts leisten muss, um jemand zu sein. Weil ich entdeckt habe, was für ein Potenzial in mir steckt, kann ich jetzt geben und etwas leisten. Das brauchte jedoch Zeit. Heute reisse ich neue Projekte und Visionen an, da ich es liebe, geniale Dinge freizusetzen und mir das grosse Freude bereitet. Nicht, weil ich mir oder anderen etwas beweisen muss. Natürlich ist es schön, wenn man Komplimente und Ehre erhält, aber das sollte nicht der Antrieb sein. Irgendwann lösen diese Rückmeldungen nicht mehr das Gleiche aus und flachen ab. Wenn du dazu nicht ausgeglichen bist, wirst du sowieso nur stolz. Tust du allerdings das, was du tust, aus Leidenschaft, dann weisst du: Wenn es mal «Leiden» heisst, dann muss man «schaffen» – ja «LEI-DEN-SCHAFFT».

Als Jugendlicher habe ich ab und zu erlebt, dass ich als einer der Letzten für die Fussball-Mannschaften im Sportunterricht gewählt wurde. Nachdem alle anderen gewählt waren, hörte ich am Schluss noch Sätze wie: «Okay, wisst ihr was, David könnt ihr noch haben, bringt eh nichts beim Fussball.» Heute lache ich darüber, denn ich bringe wirklich nichts beim Fussball! Aber damals hat das gesessen! Heute bin ich dankbar für all diese negativen Erfahrungen, denn durch sie bin ich heute da, wo ich bin. Ich habe mir viel Zeit genommen und mein Leben analysiert. So konnte ich ganz viele Schlüssel für mich finden. Am Anfang klingt es vielleicht komisch: Man nimmt sich Zeit für sich selber. Aber es ist so gut und wichtig, dass du dein eigenes Leben lebst und dich nicht von alten Verletzungen oder sonstigen krummen Dingen herumschubsen lässt. Es wäre schade, wenn du dein Leben so verchillst, denn es gilt, Sorge dafür zu tragen und das Beste zu geben!

Finde deinen Wert und beginne, dein Leben durch die «ICH BIN ICH – ICH BIN GEWOLLT – ICH BIN SUPER, WIE ICH BIN-BRILLE» zu sehen. Was das für ein entspannter Ort wäre, wenn man zu jeder Zeit völlig man selbst sein könnte! In meinen 31 Jahren habe ich so viele verschiedene Schichten gesehen. Man spricht von Cüpli-Kreisen, Dritte-Welt-Ländern, der Mittelschicht und so weiter. Zu diesem Thema einfach mal schnell: Gott hat eine Welt erschaffen, deshalb lasst uns nicht so Wörter wie Dritte-Welt-Land in den Mund nehmen. Worte haben Macht und ich möchte die Welt ungern aufteilen, wenn Gott eine Welt geschaffen hat. Es gibt natürlich verschiedene Schichten, doch am Anfang und am Schluss möchte ich glauben, dass es eine Welt ist und die wurde als Ganzes geschaffen. Sonst hätte er ja auch alle Schichten auf verschiedene Planeten stellen können. Da wäre die Oberschicht somit irgendwo auf dem Mars, die Mittelschicht auf der Venus oder sonst irgendwas.

Da ich in meinem Leben viel Einblick in diverse Schichten hatte, habe ich viele verschiedene Menschen kennengelernt und sehr früh festgestellt, dass wir alle auf einer Reise sind – auf einer Reise nach einer Antwort auf unsere Lebensfragen. Die meisten zwar unbewusst, doch auch sie sind auf dieser Reise. Weisst du persönlich, wo du dich auf deiner Reise befindest oder wohin deine aktuelle Reise dich führt? Oder besser gesagt: Wo ist dein nächster Zwischenstopp? Lebst du einfach vor dich hin oder machst du dir auch Gedanken über das Leben? Meine Spezies macht sich da ab und zu auch zu viele Gedanken. Wenn ich mich so beobachte, bin ich ein sensibler Typ, der ein unglaubliches Spaghetti-Denken hat. Ich musste lernen, mich Schritt für Schritt zu akzeptieren und dann meine Eigenschaften, die in mich hineingelegt wurden, zu lieben. Ganz besonders musste ich es lernen, mit meinem sensiblen Teil umzugehen. Am Anfang war diese Empfindsamkeit so uncool und so belastend, dass ich sie ganz einfach erstickt habe. Doch es kommt der Zeitpunkt, da macht man sich mehr Gedanken über gewisse Teilbereiche des Lebens und dann können sie auch an die Oberfläche kommen.

SEI EINFACH DU

Als ich mich vor ein paar Jahren ganz bewusst dazu entschieden habe, ich selbst zu sein, war das ein ganz besonderer Moment. Vor allem, es jetzt aufzuschreiben, ist speziell für mich. Dabei war es ja nicht so, als hätte ich 24/7 jemand anders sein wollen, wie zum Beispiel Superman oder Nemo, der Clownfish, der einfach im Meer chillt. Nein, das passiert ganz von selbst. Das Leben nimmt seinen Lauf und man hat bestimmte Vorbilder. Man beginnt, sich selbst zu formen. Man nimmt etwas auf, das einen begeistert, und ändert es an sich. Man sieht in einem Film eine Person, die einen fasziniert, nimmt wieder etwas auf oder man wechselt die Musikszene. Es ist ein ständiges Konfrontiertsein mit verschiedenen Umständen, Lebenskonzepten und Styles. Man lernt und lernt und lernt. Doch irgendwann hat man so viel gesehen, dass man sich plötzlich fragt: Wer bin ich eigentlich? Ich glaube, das ist einer der wertvollsten Momente, wenn man an diesen Punkt gelangt und sich dieser Frage ehrlich stellt.

Ich habe mir all die Fragen gestellt: Warum handelst du in bestimmten Bereichen so? Warum kleidest du dich so? Warum ist dir eine bestimmte Sache wichtig? Was wir dann analysieren, ist die Summe aus all den Jahren, die wir erlebt haben.

Zu beginnen, unseren eigenen Weg zu gehen, uns selbst zu akzeptieren mit allen Stärken und Schwächen und nicht mehr jemand anderes sein zu wollen – das ist der Moment, an dem ein völlig neuer Abschnitt in unserem Leben beginnt. Ein Weg, der eventuell auch hart sein mag, denn die ein oder andere Maske wird plötzlich fallen und dann kann es eventuell ein wenig frisch werden. Wie das halt so ist, wenn man zum Beispiel den Bart abrasiert und danach rausgeht. Es wird ein bisschen kühler!

Es ist wichtig, dass wir an den Punkt kommen, an dem wir Gott glauben, wenn er uns zuspricht, dass er uns wunderbar geschaffen hat. Dass wir einzigartig sind und niemanden kopieren müssen. Sonst hätte er ja nur «Steuerung Copy» und «Steuerung Paste» drücken müssen. Aber wie langweilig, wenn du mit jemandem zusammen wärst, der genauso ist wie du! Oder deine Freunde genauso drauf wären wie du, ja GENAU so. Wie langweilig!

Für mich ist es etwas vom Schönsten, wenn ich Menschen sehe, die sich so annehmen und lieben, wie sie geschaffen wurden. Die nicht immer links und rechts schauen, sondern zuerst einmal in den Spiegel. Probiere es mal aus und schaue dir das nächste Mal für zwei Minuten im Spiegel in die Augen. Achte auf deine Gedanken, die dabei ausgelöst werden. Du wirst schnell merken, wovon ich hier rede.

Es tut gut, wenn wir uns diesen Gedanken stellen, schliesslich geht es hier um uns selbst.

Sei einfach nur du. Du darfst Fehler machen und dann lerne daraus. Finde heraus, wo du herkommst, bleibe dir treu und sei ein Original. Entdecke die Schätze, die in dich hineingelegt wurden und behalte einen klaren Fokus. Wenn du dich selbst lieben kannst, kannst du auch deine Mitmenschen lieben. Durch die Brille von Gott genügst du schon. Da musst du nicht noch etwas leisten und beweisen. Er hat bereits geleistet. Wir dürfen einfach nur noch sein und die vielen Geschenke entdecken.

Du darfst einfach du sein.

19

ENTSCHLOSSENHEIT

Entschlossenheit ist die Voraussetzung für einen Durchbruch. Die meisten Menschen geben allerdings bereits auf, wenn es hart wird oder eine kleine Challenge vor der Tür steht.

Im Wort Entschlossenheit steckt das Wort Schloss. Die Frage ist, wie fest dein Schloss für den Bereich ist, für den du dich entschlossen hast. Oder musst du dir eventuell noch ein gutes Schloss besorgen? Wie sollen wir etwas durchziehen, wenn wir nicht einmal ein eigenes Schloss an diese Entscheidung hängen und sie damit festmachen? Stell dir vor, du triffst eine Entscheidung und hältst konsequent daran fest. Kannst du dir vorstellen, was das für ein Potenzial hat? Auf jeden Fall wird es um einiges kraftvoller sein, als einfach dahinzuleben und zu schauen, was dabei rauskommt.

Bevor ein Pilot abfliegt, hat er sich logischerweise entschlossen, wo er hinwill, und bereitet sich dementsprechend vor. Wenn er einen Überseeflug hat, tankt er genug, stellt die Ladung sicher, geht die Sicherheitsmassnahmen durch und erst, wenn die Startbahn frei ist, startet er. Dann gibt er Gas und wenn es hoch gehen soll, zieht er seinen magischen Hebel. Was wäre das für ein Gefühl: Du steigst in ein Flugzeug und es wurde nicht geprüft, ob das Flugzeug genug Kerosin hat, ob dein Koffer dabei ist, ob das Wetter gut genug ist. Klingt zwar nach Abenteuer, aber ab und zu an die Sicherheit zu denken, ist schon auch wichtig!

Ich habe schon viele Leute getroffen, die mir von ihren Träumen erzählt haben. Aber nur wenige davon haben sich entschlossen, mit dem, was sie haben und in sich tragen, zu starten.

Es ist an der Zeit, dass es wieder mehr Menschen gibt, die entschlossen einer Sache nachjagen und das mit Leidenschaft! Ja, wenn mehr Leidenschaft als Ressourcen da ist, kann man auf jeden Fall starten!

Hätte ich damals gesagt: «Ich fange einfach mal mit LOVE YOUR NEIGHBOUR, dann schaue ich mal, wie es läuft, und lasse es sonst wieder», dann wäre ich schon lange damit durch. Nein, ich habe mich damals fest entschlossen und wollte diese Vision fliegen sehen. Dafür brauchte es eine Entscheidung und eben Entschlossenheit. Denn ohne dieses Schloss hätte ich nach ein paar Stürmen ganz einfach aufgehört. Auch ich hatte doch keine Ahnung, wie so etwas funktionieren könnte.

Aber hey, es ist an der Zeit, die Träume und Gaben, die in uns hineingelegt wurden, zu nehmen und anzuwenden.

Es braucht auch Menschen, die bereit sind, hart zu arbeiten, die entschlossen sind, Dinge umzusetzen! Fleissige Arbeiterherzen sind etwas Schönes! Versteh mich bitte nicht falsch. Ich habe gelernt, dass man arbeiten muss, wenn man im Leben etwas erreichen möchte. Auch dann, wenn man müde ist oder gerade lieber nichts tun würde. Bestimmt gibt es Phasen, in denen Unterstützung super und auch wichtig ist. In Zeiten, in denen sich Leute aus verschiedenen Gründen von anderen – z. B. von einem Spenderkreis – finanziell unterstützen lassen, ist es meiner Meinung nach ganz besonders wichtig, eine entschlossene Arbeitshaltung an den Tag zu legen. Das hat mit Ehre, Respekt und Charakter zu tun. Immer wieder begegne ich der Einstellung, dass sich Leute von anderen finanzieren lassen, obwohl sie selbst genug Ressourcen hätten, um aktiv zu werden und auf eigenen Beinen zu stehen. Dann auch noch zu erwarten, dass fleissige Berufstätige, die möglicherweise schon morgens um fünf auf der Arbeit sind, den nächsten Urlaub finanzieren, ist eine Haltung, die mit Entschlossenheit nichts zu tun hat. «Geben ist seliger als Nehmen», heisst es schon in der Bibel. Wie schön ist es, wenn wir arbeiten und davon auch noch abgeben können! Manchmal frage ich mich, warum wir zwei Hände und zwei Füsse bekommen haben. Es ist doch ein schönes Bild, dass wir die eine Hand für uns selber und die andere zum Helfen gebrauchen können. Denn wenn wir geben wollen, müssen wir auch etwas zum Geben haben.

Ein glücklicher Geber ist etwas Herrliches. Das muss gar nicht viel sein, aber es ist doch besser und bereichernder, zu geben als zu nehmen.

Wenn wir wirklich entschlossen sind, etwas zu starten, dann sind wir auch bereit, den Preis dafür zu bezahlen. Dafür muss dein Entschluss aber richtig festgemacht sein.

Schreib dir doch mal deine nächsten Schritte auf und häng sie dir an die Tür. Schritte wie: «Ich entscheide mich, zweimal pro Woche ins Gym zu gehen», «Einmal pro Woche rufe ich jemanden an und ermutige die Person», «Dreimal in der Woche nehme ich mir ein paar Minuten Zeit und schreibe mir auf, wofür ich dankbar bin.» Schnell wirst du merken, dass sich dein Leben verändert. Es geht gar nicht anders. Sobald du beginnst, Dinge regelmässig und somit entschlossen zu tun, wird Veränderung passieren. Wenn du eine Pflanze giesst, ist das super. Wenn du das zweimal machst, ist das noch besser. Wenn du es dann allerdings sein lässt, ist das arme Ding ziemlich schnell verwelkt! Es gibt Dinge, für die entschliesst man sich, tut sie regelmässig und das Wachstum wird kommen.

Genauso ist es auch in einer Beziehung. Man muss sich entschliessen, immer wieder etwas für die Beziehung zu tun, zu investieren, damit sie wachsen kann. Wenn du das unterlässt, kümmert sich eventuell irgendwann jemand anderes um deinen Partner!

Manchmal fehlt uns der Mut zur Entschlossenheit, aber grosse Dinge und Erfolge kann man nicht erreichen, wenn man nicht bereit ist, entschlossen gewisse Risiken einzugehen. Gefahren gibt es überall. Aber warum nicht erst einmal den Weg antreten? Ganz bestimmt wirst auch du mit Mut, Ausdauer und Entschlossenheit nächste Schritte zum Erfolg gehen.

Diana Ross hat mal gesagt: «Entschlossenheit ist der wichtigste Faktor in meiner Karriere.» Oder Martin Luther King: «Der Mut, die Entschlossenheit, uns von keiner Sache überwinden zu lassen, so furchterregend sie auch sein mag, ermöglicht uns, jeder Angst zu widerstehen! »

Der Mut, die Ent-
schlossenheit, sich
von nichts und nie-
mandem abhalten
zu lassen, so furcht-
erregend es auch
sein mag, ermög-
licht uns, jede Angst
zu überwinden.

20

PERSPEKTIVE

PERSPEKTIVE

Wie man an eine Situation herangeht, entscheidet oft darüber, wie etwas beginnt und endet. Wenn wir in einem «Neutral-Modus» an eine Sache herangehen, also ohne negative Stimmung oder übermotivierte Haltung, wird es meistens am besten! Das gilt natürlich nicht für alle Situationen. In meinem Leben habe ich schon sehr unangenehme Gespräche geführt, zu denen ich am liebsten nicht hingegangen wäre. Am liebsten hätte ich «Schwamm drüber» gesagt, wie es meine Oma so gerne macht. Doch etwas, das ich mir fest vorgenommen habe, ist, dass ich mich solchen Situationen stelle. Ich möchte nicht einfach einen Kontakt abbrechen, nur weil gerade zwei komplett unterschiedliche Meinungen im Raum stehen oder mich jemand dermassen verletzt hat oder ich ihn.

Angenommen, ich gehe in einem völlig genervten Zustand in so ein Gespräch. Sprich, bin eh schon mega gestresst. Dann wird das Ganze mit grösster Wahrscheinlichkeit nur ein anstrengendes Ping-Pong von Argumenten. Mit der Zeit würde das Spiel so heftig werden, dass man eher eine Boccia-Kugel bräuchte. Viel weiser ist es doch, wenn man in Ruhe in so eine Auseinandersetzung geht. Das Gespräch und der Inhalt, worum es sich drehen wird, bleiben dieselben. Doch entsprechend der Perspektive, mit der man in die Situation hineingeht, verändert sich die Atmosphäre. Der Konflikt erhält eine Chance auf einen guten Ausgang.

So oft kommt es auf die Betrachtungsweise an – die kann bei unterschiedlichen Menschen schon total verschieden sein. Einer sieht in einem Nebelfeld pure Schönheit und Ruhe, der andere fängt bereits an zu jammern, wenn er nur hört, dass es am nächsten Morgen Nebel geben soll. Ändert sich etwas am Nebel, wenn man jammert? Nein, es ändert sich nichts! Tatsächlich habe ich es noch nie erlebt, dass sich der Nebel verzogen hat, nur weil ich gerade keinen Bock darauf hatte. Erst, als ich meine Einstellung dazu geändert habe, wurde es besser. Ehrlich gesagt bin ich auch kein Nebel-Fan. Nach einem Spaziergang oder einem epischen Bild für Instagram bin ich dann auch wieder ready für die Sonne.

Wenn wir an unserer Perspektive oder Sichtweise arbeiten, ändert sich relativ schnell ziemlich viel in unserem Leben. Wie wäre es zum Beispiel, wenn wir mehr teilen als selbst besitzen würden? Status und Besitz werden in unserer Gesellschaft grossgeschrieben. Doch warum nicht mal hier eine andere Sicht einnehmen? Wenn zum Beispiel ein paar Leute gerne einen Sportwagen hätten, könnte man den doch teilen. Möglicherweise klingt das in den Ohren von Autoliebhabern ganz komisch. Aber denk mal einen Augenblick darüber nach: Warum alles selbst besitzen, wenn man es auch teilen könnte? Der andere hat eventuell einen Pool zu Hause und wenn er im Urlaub ist, könnten andere ihn nutzen. Es muss ja nicht jeder einen Pool zu Hause haben. Warum extra ein neues Kleid für die nächste Party kaufen, wenn man es auch von einer Freundin ausleihen könnte? Wie wäre es, damit anzufangen, besitzen und teilen zu überdenken? Für die Geschäftsleute unter uns eventuell eine Idee für eine neue Plattform!

Als Kind liebte ich es, zu schaukeln. Besonders faszinierte es mich, wenn ich einen Punkt seitlich fixierte und sich dadurch meine Schaukelbewegungen plötzlich veränderten – ohne dass ich mich anders bewegt hatte. Anstatt weiter gerade vor und zurück zu schwingen, kam meine Schaukel ins Schwanken und das nur durch meine Blickrichtung. Beim Autofahren ist es genauso: Wenn ich auf einer geraden Strasse einen Punkt rechts in der Ferne ins Auge fasse, werde ich unbewusst immer mehr in diese Richtung abdriften. So ist es auch in unserem Leben: Dort wo wir hinschauen, gehen wir hin. Das, was wir glauben, wer wir sind, zu dem werden wir auch. Demnach ist es sehr wichtig, wie wir unsere Perspektive einstellen und wie wir an eine Sache rangehen. Man sagt auch so schön: «Du bist, was du denkst.» Wirklich super der Satz, da steckt viel Wahres drin. Aber am Ende des Tages bist du immer noch das, was Gott sagt, wer du bist. Du wirst ganz anders leben, wenn du den Gedanken Glauben schenkst, die Gott über dich hat. Dass du einzigartig, wunderschön, angenommen und mit unglaublich vielem ausgestattet bist.

Im Leben gibt es Situationen, die müssen wir unbedingt durch die richtige Brille betrachten. Gehen wir mit einer falschen Perspektive an sie heran, so ist der Misserfolg garantiert. Manchmal kommt man gerade noch so davon.

Zur Veranschaulichung eine lustige Story. Besonders lustig wird es jetzt für die Leute, die aus der Schweiz kommen und den Uetliberg kennen. Als ich zu meinem 30. Geburtstag meine Familie zum Essen auf den Uetliberg einlud, dachte ich: «Super, da fahre ich doch mit dem Auto hin.» Ich gab die Adresse ein und das Navi hat mich an einen Waldrand geführt. Also probierte ich einen zweiten Weg, doch das Navi zeigte mir immer wieder, dass ich da diesen Waldpfad rauffahren soll. Okay, also bin ich mit meinem Smart da raufgefahren und immer mal wieder haben mich die Spaziergänger ungläubig angeschaut. Dann wurde es immer heftiger, einer hat mir den Finger gezeigt, einer hat mich fotografiert und wir dachten so: «Hey nein, was ist denn mit euch los? Das Navi zeigt mir doch den Weg.» Plötzlich habe ich bemerkt, dass mir das Navi zwar einen Weg zeigt, aber den falschen! O je und ich wusste, dass ich nicht mehr umkehren konnte, denn der Weg war zu eng. Meine Eltern fuhren im Auto hinter mir und wir begriffen, dass wir da jetzt wohl oder übel durchmussten.

Also bin ich den Berg hochgefahren und auf der anderen Seite wieder runter. Es war einfach der falsche Weg! Noch dazu das Ganze an meinem Geburtstag zu erleben, war schon speziell. Wenn dich jeder verwundert anschaut und dir das Gefühl gibt, du bist ein unglaublicher Vollpfosten. Okay, ich gebe ja zu, es wäre ja auch so gewesen, wenn mich das Navi richtig geführt und ich trotzdem diesen Weg genommen hätte. Zumindest habe ich zu diesem Zeitpunkt gemerkt: Das Navi ist ein gutes Ding, wenn du ein Land suchst, aber nicht eine Strasse oder ein Dorf. Sorry, aber eventuell brauche ich einfach ein besseres Navi! Auf jeden Fall hatte ich es bald geschafft und ich hoffte so sehr, dass ich keinen Strafzettel erhalten würde. Und siehe da, nach zirka 30 Minuten voller Anspannung stand dort auf den letzten zehn Metern ein Blitzer. Mann, da habe ich noch ein saftiges Bussgeld über 240 Franken zahlen müssen und mein Vater ebenfalls. Wow, echt super so ein Erlebnis am eigenen Geburtstag! Natürlich nehme ich so etwas mit Humor, denn ich will ja nicht einen Tag meines Lebens wegen so etwas versauen. Was ich daraus gelernt habe? Das nächste Mal, wenn ich mir nicht sicher bin, informiere ich mich vorher über die Strecke, statt diese Übertretung und hundert Zeigefinger in Kauf zu nehmen. In diesem Fall ging ja noch einmal alles gut – einigermassen!

Kennt ihr das, wenn man das Leben von jemandem anschaut und denkt: Wow, das ist mega krass? Es läuft alles wie am Schnürchen. Ein Highlight nach dem anderen. Von einer Erfolgswelle zur nächsten. Genauso ging es mir, wenn ich das Leben des DJ Avicii angeschaut habe. So viele wunderbare Hits hat er produziert, vielen Menschen eine Freude mit seinem Talent bereitet – doch nur wenige haben in sein Inneres gesehen. Bis der Tag kam, an dem er sich mit gerade einmal 28 Jahren das Leben nahm.

Oder Chester Bennington aus der US-Band Linkin Park, der im Sommer 2017 sein Leben selbst beendete. Jahrelang litt er unter Depressionen und hinterliess seine Ehefrau, sechs Kinder und ganz viele Fans. Seine Musik war unter anderem die, die ich gehört habe, um meine Trauerphase nach dem Tod meiner Schwester zu überwinden. Jahre später nimmt er sich das Leben. Er, der mir durch seine Musik Kraft gegeben hat.

Teilweise schauen wir nur die Früchte eines Menschen an, aber sehen nicht sein Inneres. Wir schauen nicht näher hin. Vielleicht wollen wir das manchmal auch gar nicht. Natürlich ist es schwierig, bei Menschen etwas zu unternehmen, die weit weg sind oder an die man gar nicht rankommt.

Aber wir könnten damit beginnen, unsere Perspektive bei uns richtig einzustellen und dort genau hinzuschauen. Bei uns und in unserem Umfeld. So können wir auch Warnsignale bei Menschen ernst nehmen, wenn wir den

Eindruck haben, dass dort etwas sein könnte. Auch wenn der Erfolg oder die Früchte einer Person das gar nicht vermuten liessen.

Vor Jahren war ich bei einer Veranstaltung und habe dort meine Lebensgeschichte erzählt. Am Schluss kam eine junge Frau unter Tränen zu mir. Offenherzig erzählte sie mir von ihren Problemen und wir hatten ein super Gespräch. Im Raum befanden sich andere Leiter, die am Schluss zu mir kamen und sagten: «Die musst du nicht ernst nehmen, die hat immer solche Probleme und man weiss eh nicht, was alles davon stimmt.» Wow, das hat mich so geschmerzt, zu hören, dass man so denkt! Das ist nicht okay. Vor kurzem habe ich eine Abdankungskarte mit der Nachricht erhalten, dass sich diese junge Frau das Leben genommen hat.

Als ich an einem anderen Ort war und dort wieder meine Story erzählen durfte, kam auch jemand am Schluss zu mir und fragte: «Hey, hast du kurz ein paar Minuten?» Diese Person erzählte mir von ihren starken Depressionen und der Geschichte dahinter. Auch davon, dass sie noch nie darüber gesprochen hat. Sie zeigte mir ihre Arme –von unten bis oben total zerschnitten und vernarbt vom häufigen Ritzen. Richtig heftig! Nach diesem Gespräch fragte mich eine Leiterin, die mich mit ihr reden gesehen hatte: «Wie war es?» «War sehr intensiv und ich bin sehr dankbar dafür», antwortete ich. Die Reaktion darauf war dieselbe, einfach an einem anderen Ort. «Ach ja, die muss man nicht ernst nehmen, die lügt sehr viel.» Da habe ich nur gedacht: «Das ist doch genau der Grund! Weil man manche Menschen nicht ernst genug nimmt, gibt es solche traurigen Abschiedskarten!»

Natürlich ist das nicht immer der Fall, aber es kann sein, dass man in Zukunft etwas ändern könnte. Falls du jemanden auf diese Art verloren hast, tut mir das sehr leid und ich meine das keinesfalls als Vorwurf. Ich möchte einfach, dass wir unsere Sichtweise richtig einstellen und Signale ernst nehmen.

21

TUN STATT LABERN

TUN STATT LABERN

Mutter Teresa hat einmal gesagt. «Nicht alle von uns können grosse Dinge tun, aber wir alle können kleine Dinge mit grosser Liebe tun.» Was für eine starke Aussage! Vor allem ist sie noch viel stärker, da sie von einer Frau kommt, die daran geglaubt und jeden Tag ihres Lebens danach gelebt hat.

Genau das ist es doch. Man teilt so unglaublich viele Zitate aus, postet Weisheiten, doch man lebt nicht mal zu zehn Prozent danach. Manchmal produziert man fast mehr Zitate, als die Zeit dafür zu nutzen, danach zu leben. Aus dem, was man lebt, folgt vielleicht mal eine Lebensweisheit, ein Zitat, falls das überhaupt notwendig ist. Es existieren schon so viele Tipps und Ratschläge von Menschen, da weiss man ja kaum noch, an was man sich jetzt halten soll. Der Klassiker ist, am Anfang des Jahres immer grosse Vorsätze zu fassen und dann am zweiten Januar bereits die ersten Ausnahmen zu machen. Spätestens Anfang Februar verfällt man wieder in die alten Muster. Warum das so ist? Ganz einfach, uns fehlt die Entschlossenheit und Disziplin oder anders gesagt: Das «Warum?» für die Veränderung war wohl noch nicht gross genug. Sind wir uns selbst denn wirklich so wenig wert?

Da geht es zum Beispiel um die Ernährung. Jahrelang habe ich praktisch nur Fastfood und ungesundes Zeug in mich hineingestopft, bis mir mein Vater mal sagte: «David, wenn du zwei verschiedene Treibstoffe hast, einen guten und einen schlechteren, welchen davon würdest du in dein Auto lassen?» So halbernst habe ich geantwortet: «Logisch, den guten.» Seine Antwort war: «Ah, dein Auto ist dir also mehr wert als dein Körper!» Das hat gesessen. An der Umsetzung hat es bei mir allerdings noch Jahre gehapert. Da habe ich dann eine Frau gebraucht, die streng genug mit mir ist! Seit ich verheiratet bin, esse ich nur noch Gemüse und Früchte. Ich hatte nie mehr etwas anderes, keinen Burger oder so etwas in der Art. Das ist doch super so! SPASS – natürlich nicht! Aber 80 Prozent meines Essens würde ich jetzt als gesund einstufen. Ja, es ist doch wichtig, dass wir auf uns achten. Denn es bringt einfach nichts, nur gute Vorsätze zu haben und erst dann etwas zu ändern, wenn man bereits krank ist.

Wenn man zu viel von Träumen und Vorsätzen spricht, vergisst man gelegentlich, diese auch umzusetzen. Unbewusst glaubt man vielleicht, dass man sie bereits lebt, aber vergisst dabei, aktiv zu werden. Hier müssen wir aufpassen, dass wir unsere Gedanken unter Kontrolle haben. Sie können uns schnell das Gefühl geben, dass wir Dinge schon leben, nur weil wir sie bereits glauben. Menschen, die nicht handeln, sondern nur labern, sind meistens solche, die die Kraft der Umsetzung noch nicht entdeckt haben.

Stell dir mal die Power vor, wenn alles, was gesprochen wird, auch umgesetzt würde. Auch wenn es nur 50 Prozent oder gar 10 Prozent sind. Da würde unsere Welt heute schon ganz anders aussehen!

Am besten sind die Leute, die immer alles besser wissen, aber passiv bleiben. Hier noch eine Geschichte: Michael und ich waren mal auf einer grossen Konferenz und ich wurde interviewt. Gleich danach waren wir am Bücherstand und ich habe noch Autogramme gegeben. Am Ende kam eine Person und sagte: «Hey, mir ist das auch mega wichtig, dass wir einander helfen und da sind, wenn andere Hilfe benötigen.» Eigentlich ein super schönes Gespräch. Hier noch kurz ein paar Hintergrundinformationen zur Situation: Die Halle war bereits leer, die Hälfte der Lichter aus, Michael und ich immer noch da, wie wir das meistens machen und nicht gleich verschwinden nach Interviews, da wir gerne auch noch auf die Fragen und Bedürfnisse von den Leuten eingehen. Die Person wusste, dass wir noch mindestens zwei Stunden nach Hause fahren mussten. Okay, hast du ein Bild der Situation? Nach dem Gespräch sagte die Person zu uns: «Danke für das Gespräch, hat mich mega ermutigt. Ich will direkt morgen anfangen und den Menschen helfen.» Dann ist die Person gegangen. OOOOOH MY DEAR. Michael und ich wären fast geplatzt vor Lachen. Weisst du warum? Es war mehr als offensichtlich, dass wir so dringend Hilfe gebraucht hätten. Wir hatten das sogar noch erwähnt und er sagte, dass er MORGEN beginnen will. Nein, wenn man solche Vorsätze fasst, ist es an der Zeit, es direkt zu tun und nicht bis morgen zu warten. Wenn man sich das zehnmal einredet, dass man jetzt jemandem helfen will, hätte man besser schon zehnmal geholfen. Wir wollten diese Person natürlich nicht auslachen, aber es war so lustig, da wir beide in diesem Moment genau das Gleiche dachten, unglaublich müde waren, es bald Mitternacht war und ich mir noch 30 Minuten Zeit für dieses Gespräch genommen hatte.

Mein Bruder Mario ist zum Beispiel jemand, der redet nicht über Dinge, die er tun will, er macht sie einfach. Stellt euch vor, ihr hättet die «Chance», ein Waisenheim mit zu planen. Zuerst würde man diese Freude vermutlich mit anderen teilen und darüber reden. Wisst ihr, was mein Bruder macht? Er setzt sich hin und beginnt. Er lebt es einfach und macht keinen grossen Wind darum. Seine Leidenschaft ist es, zu geben und zu schenken, so, dass die linke Hand nicht weiss, was die Rechte tut. Das ist auch absolut richtig – ausser der Call einer Person ist es, andere Menschen zu ermutigen und sichtbar Vorbild zu sein. Wenn die Motivation rein ist, kann man das machen. Aber Anerkennung oder Applaus sollte nicht der Grund dafür sein, dass man seine Taten ans Licht bringt. Wir sollen im Verborgenen schenken.

Mario ist mir so ein Vorbild. Er ist extrem diszipliniert, gradlinig und unglaublich loyal. Zu ihm brauchst du nicht hinzugehen und irgendetwas plap-

pern, besonders nicht dann, wenn du dich über jemanden auskotzen willst. Falsche Adresse! Apropos Kritik: Immer wieder erlebe ich Leute, die gerne alles kritisieren. Das ist so eine traurige Einstellung. Oft sind das Leute, die selbst nicht das eigene Leben im Griff haben. So ganz nach dem Motto: Den Splitter beim Nachbarn sehen, aber den Balken im eigenen Auge nicht wahrnehmen. Insgesamt finde ich Kritik ja nicht schlecht, wenn die Motivation rein und angebracht ist. Und die Frage geklärt ist: Wer ist man, um diese Person zu kritisieren? Gibt man aus Liebe einen Input für jemanden, so dass das fördernd und konstruktiv ist? Oder geht es darum, seiner Eifersucht Ausdruck zu verleihen, andere sogar noch damit anzustecken und so jemandem zu schaden? Im zweiten Fall habe ich heftig Mühe damit. Eigentlich könnte mir das voll egal sein, ist es mir aber nicht. Zu fest liebe ich eine Kultur der Liebe und Ehre. Ich möchte sehen, dass sich Menschen verändern und sich mit negativen Mustern nicht zufriedengeben.

Kritik kann man ruhig äussern oder man kann eine Frage stellen. Im Gespräch löst sich die meiste Kritik, die man sieht, von selbst in Luft auf. Wenn ich Punkte in meinem Leben habe, bei denen ich merke, dass sie nicht gut, sondern zerstörerisch sind, dann gebe ich mich damit nicht zufrieden und arbeite auch daran. Wenn Kritik an ein Unternehmen oder Projekt gerichtet ist, kann man sie auch als kostenlose Unternehmungsberatung anschauen und auch davon profitieren.

Doch ganz wichtig, wenn man Kritik äussert, ist, dass diese Kritik in einen richtigen Rahmen gehört. Das sollte bestimmt nicht öffentlich passieren, sodass noch tausend andere mithören. Diese Art von Kritik hat einfach nur negative Auswirkungen, vor allem, wenn man bedenkt, dass hinter der Kritik meist falsche Gedanken stehen, die sich im Gespräch lösen lassen würden. Es sind schon ganze Unternehmen eingegangen, weil sie mit falscher Rede zerstört wurden. Das darf einfach nicht akzeptiert werden. Immer wieder erlebe ich, wie Leute aufhören, ihren Traum zu leben, da ihnen die Kritik zu anstrengend geworden ist. Lasst uns auf unsere Worte achten. Worte haben Macht. Sie können über Tod und Leben entscheiden. Mit Worten kann man Menschen unglaublich in die Enge treiben, bis zu dem Punkt, an dem sie sich zurückziehen. Mit Alkohol, Drogen oder ganz anderen Dingen.

Mich erreichen auch viele Nachrichten von Menschen, die in ihrem Umfeld gemobbt werden. Von ihren Eltern, Geschwistern, Arbeitskollegen, in der Schule, in der Kirche oder wo auch immer. Wo es passiert, spielt überhaupt keine Rolle, denn Mobbing hat an keinem dieser Orte einen Platz! Wir dürfen eine Meinung haben, aber wenn diese verletzend wird und sogar noch andere

Menschen ansteckt, dann hört es definitiv auf.

Kürzlich war ich bei einem Vortrag, auf dem ich über verschiedene Dinge sprechen konnte. Altersmässig war das Publikum total durchmischt, was ich richtig spannend fand. Nach dem Vortrag kamen zwei kleine Jungs zu mir. Beide strahlten übers ganze Gesicht, gaben mir einen Handschlag zur Begrüssung und sagten: «Hey David, das war einfach klasse, was du gesagt hast. Hast du noch ein paar Minuten Zeit für uns?» Mann, die waren so unglaublich herrlich. Der eine war Inder und der andere ein richtiger kleiner Schweizer-Typ. Die beiden waren dicke Freunde, das hat man direkt gesehen. Also haben wir uns hingesetzt und sie haben mir von einer Situation erzählt, die sie gerade im Skilager erlebt hatten. Dort hat jemand abends auf dem Zimmer ein Geheimnis aus seiner Familie erzählt. Dazu brauchte er extrem viel Mut und alle im Zimmer haben ihm versichert, dass sie es niemandem weitersagen würden. Doch am nächsten Morgen hatte es doch jemand herumerzählt und der Junge wurde in kürzester Zeit zur Lachnummer mehrerer Klassen. Je mehr die anderen ihn gehänselt haben, desto mehr litt er und es ging im zunehmend schlechter. Dann haben mich die zwei kleinen Jungs gefragt: «Was können wir noch machen, ausser jetzt einfach Freunde zu sein und für ihn Stellung zu beziehen?» Mir kamen die Tränen, so gerührt war ich. Sie hatten es bereits verstanden, doch ihr Herzenswunsch war so gross, dass sie die Situation am liebsten gleich beenden wollten. Sie hatten direkt gehandelt, statt mitzureden oder nichts zu machen. Die beiden Freunde wurden aktiv, haben ihre Stimme für diesen Jungen erhoben und sind ihm Freunde gewesen! Wow, was für gewaltige Jungs das waren! Ach, die Augen der zwei hättet ihr sehen sollen. Dann fragten sie mich noch, ob ich für sie beten könnte, damit sie wieder neuen Mut haben. Mann, die zwei waren gerade mal zehn Jahre jung und hatten so ein grosses Herz! Ich bin fast geschmolzen! Ich liebe es, wenn wir handeln statt nur danebenzustehen.

Fakt ist, dass die Taten mancher Menschen ganz klar beweisen, dass ihre Worte nichts wert sind oder es nie waren. Dass nur heisse Luft rauskommt, aber keine Taten folgen.

Also lasst uns Menschen sein, bei denen auf Worte Taten folgen, auch wenn wir bis jetzt anders gelebt haben.

TUN STATT LABERN

Es ist nie oder selten zu spät! «Wenn du nicht fliegen kannst, renne; wenn du nicht rennen kannst, gehe; wenn du nicht gehen kannst, krabble; aber was auch immer du tust du musst weitermachen.» Was für schöne Worte von Martin Luther King!

Bitte entschuldigt dieses Wort «labern». Auch, dass ich es als Titel genommen habe. Aber so kommt die Bedeutung des leeren Geredes noch besser rüber. Ich möchte Labern nicht mit Sprechen vermischen, denn Sprechen ist etwas Schönes!

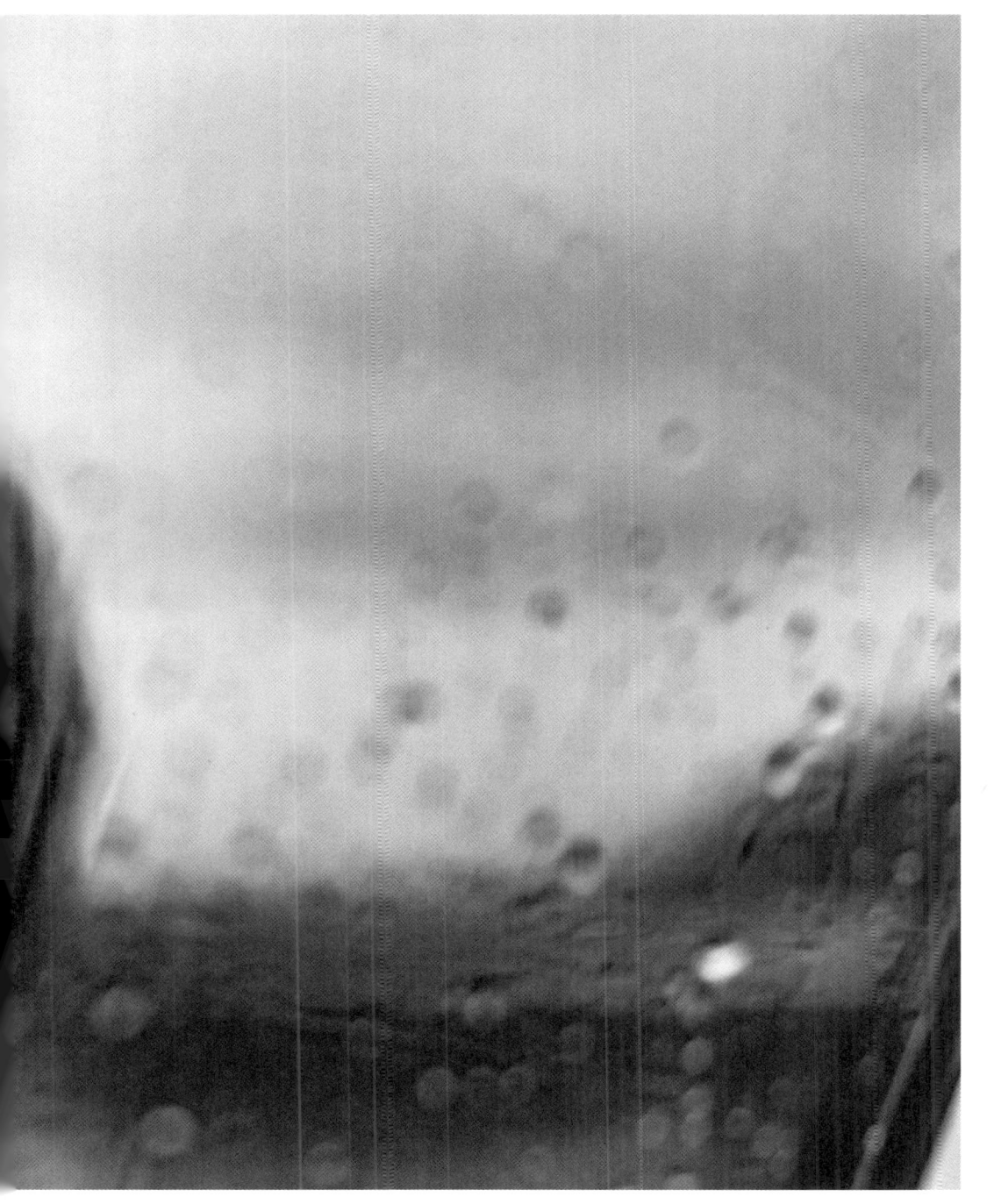

22

CHARAKTER

CHARAKTER

Über Charakter redet man in unserer Gesellschaft relativ wenig. Das Thema ist dann doch zu persönlich. Schliesslich soll man jeden lieb haben, egal, wie er ist. Solche Dinge wie Toleranz oder Akzeptanz hört man immer wieder. Lasst uns dieses Alle-haben-sich-lieb nicht mit Nächstenliebe verwechseln! An sich zu arbeiten, gehört sich einfach. Wenn wir über den Charakter eines Menschen sprechen oder in diesem Fall schreiben, reden wir von seiner Wesensart. Jeder Mensch hat seine eigene Art. Manche ein bisschen stärker, andere ein bisschen weniger ausgeprägt.

Bei manchen Leuten spürst du ziemlich schnell: Hui, das ist wirklich ein eigener Charakter! Das ist doch super, er gibt sich so, wie er eben ist. Wäre es nicht langweilig, wenn Menschen die Charakterzüge ihrer Mitmenschen einfach übernehmen würden ohne an ihrem eigenen Charakter zu arbeiten? Natürlich gibt es Charakterzüge, die sind hässlich und die sollte man sich besser abgewöhnen. Vor allem, wenn Mitmenschen davon betroffen sind. Aber es gibt auch wunderschöne Charakterzüge, wie sorgfältig, fürsorglich, fair und barmherzig zu sein. Man kann daran arbeiten, diese zu verstärken.

Besonders gern beobachte ich Menschen und entdecke dabei ihre Charakterzüge. Ab und zu sitze ich in einem Restaurant, beobachte die Menschen und frage mich, was diese Person wohl ausmacht. Sprich, welche Eigenschaften sie wohl hat. Ob sie konsequent, kommunikativ, grosszügig, fair, ehrgeizig, dynamisch, locker, loyal, motiviert oder natürlich ist. Einen schönen Charakter zu haben, ist etwas sehr Attraktives. Ich finde es echt sexy! Gut auszusehen und einen unschönen Charakter zu haben – ähm, nein danke! Aber einen schönen Charakter zu haben und dazu noch lernbereit zu sein, weiter an sich zu arbeiten, das ist wirklich superattraktiv! Die Ausreden dagegen, um nicht an sich zu arbeiten, finde ich eher unattraktiv: «Ich bin halt so und entweder passt es dir oder nicht.» Klar, es gibt Dinge, die sind fix von unserer Prägung her, aber an sehr vielen Punkten kann man an sich arbeiten. Ausser man hat sich dazu entschlossen, ein Blatt im Wind zu sein. Nicht an sich zu arbeiten, herumzufliegen und mal zu schauen, wohin die Reise geht, kann auch sehr riskant sein. Wenn eine Windböe kommt, dann nimmt sie dich gleich auf und wirbelt dich durch die Luft.

Mir fällt auf, dass man heutzutage mehr an den Dingen arbeitet, die man gerne besitzen möchte als an seinem eigenen Charakter. Doch ein starker, liebevoller Charakter kann dich im Leben weit bringen, dafür brauchst du nicht superintelligent zu sein. Wenn man an seinem Charakter arbeiten will, kann das schon mal ans Eingemachte gehen. Aber das ist etwas Schönes. Wenn du nicht weisst, was du bei der nächsten Gelegenheit deinem Chef oder deinem

Deine eigenen Charaktereigenschaften zu kennen, wird dir in vielen Lebensbereichen helfen.

Partner schenken kannst, dann arbeite einfach an deinen negativen Eigenschaften wie Egoismus, Eifersucht, Ignoranz, Kompliziertheit, Narzissmus, Naivität, Ungeduld oder whatever! Bestimmt kannst du so die Kultur an deinem Ort verändern. Es ist so edel, wenn Menschen an sich arbeiten und es lieben, ein Stück an ihrem Charakter zu feilen.

Deine eigenen Charaktereigenschaften zu kennen, wird dir in vielen Lebensbereichen helfen. Das kann zum Beispiel dein nächstes Bewerbungsgespräch sein, wenn dich der Personalchef fragt: «Was sind drei positive und drei negative Eigenschaften von Ihnen?» Wenn du dann passen musst, schürst du in ihm bestimmt die Frage, ob du dich überhaupt schon mal mit dir selbst beschäftigt hast. Mir als Chef wäre das sehr wichtig, dass ein Bewerber jemand ist, der sich mit seinem Leben auseinandergesetzt hat. Man könnte jetzt auch argumentieren, dass es auf die Position ankommt. Das sehe ich allerdings nicht so, denn als Arbeitgeber willst du ja, dass deine Mitarbeiter wachsen können und wenn diese Bereitschaft, sich zu reflektieren und zu verändern, nicht vorhanden ist, bin ich mir schon ziemlich sicher, dass diese Person am falschen Ort ist. So etwas kann auf Dauer nicht gutgehen. Deine Eigenschaften zu kennen, kann dir helfen, in deinem Alltag leichter zu leben. Je besser du dich kennst, desto schneller kannst du Entscheidungen treffen, denn du weisst genau, wo du dich einbringen sollst, wo du jemanden als Ergänzung dazu holen solltest und so weiter.

Aus dem Charakter eines Menschen lässt sich einiges deuten. Zum Beispiel Prägungen oder Traumata aus der Kindheit. Eigenschaften wie Zurückhaltung können darauf hinweisen. Sich zurückzuziehen bedeutet meist, Schwierigkeiten mit etwas zu haben und sich zu verschliessen. Meistens sind das Menschen, die verschlossen und isoliert leben. Jähzorn kann ein Grund dafür sein, dass man bestimmte Dinge aus seiner Kindheit noch nicht überwunden hat. Plötzlich kommt es wie aus heiterem Himmel zu einer Explosion. Lob nicht annehmen zu können, betrifft meistens Menschen, die bestimmte Dinge in ihrem Leben noch nicht verarbeiten konnten. Sie haben nie gelernt, sich selbst zu schätzen oder haben ständig das Gefühl, minderwertiger zu sein als andere. Das permanente Gefühl, nicht gut genug zu sein, begleitet sie. Oder das Bedürfnis, sich andauernd entschuldigen zu müssen. Solche Menschen haben das Gefühl, dass alles, was sie sagen oder tun, andere stören könnte. Darin erkennt man die Spur einer gedemütigten Kindheit, in der das Kind zu wenig Liebe erfahren hat. Oder das ständige Fliehen vor Konflikten. Meist hat man nicht gelernt, fair zu diskutieren oder man hat einfach genug, da zu Hause mehr Konflikte als Liebe vorhanden waren. Es ist spannend, sich die Zeit zu nehmen und seine eigenen Muster anzuschauen. Falls da Muster herauskommen, die einen zum Nachdenken anregen, kann man sich auch mal einen guten Rat oder ein Coaching holen. Da braucht sich niemand zu schämen. Denn es ist wirklich genial, wenn man an sich arbeitet. Dadurch wird man auch wieder zum Segen für den Nächsten oder anders gesagt: Das hat mit Selbstliebe zu tun und somit auch mit Liebe zu deinen Kindern, deinem Partner und allgemein zu deinen Mitmenschen.

Eine Studie ergab, dass Menschen mit folgenden Eigenschaften ein längeres Leben haben: Gewissenhaftigkeit, Offenheit, emotionale Stabilität, Freundlichkeit und das Ausleben der eigenen Gefühle. Das natürlich nebst gesunder Ernährung, ausreichend Sport und einer ausgewogenen Work-Life-Balance. Interessant, über was es alles Studien gibt! Ich habe nichts gegen Studien, aber es ist und bleibt so: Die beste Studie erhebst du bei dir selbst. Sie bringt dir nur etwas, wenn du dann auch an dir arbeiten willst. Für mich ist es wichtig, zu wissen, was der liebe Gott von mir denkt und was er in mich hineingelegt hat. Aber eine Kombination ist auch nicht schlecht, denn der liebe Gott hat ganz vielen Menschen ein Gehirn geschenkt. Ups, sorry! Ich denke natürlich, dass er allen eines geschenkt hat. Ein paar Menschen gebrauchen es eventuell nicht so viel. Und weil er es uns geschenkt hat, glaube ich auch, dass wir von vielen Menschen etwas lernen können und wir das, kombiniert mit Weisheit, einsetzen sollen.

MENSCH SEIN

MENSCH SEIN

Kennst du diese Momente, in denen du einfach mal gerne sein möchtest? Einfach mal gar nichts tun? Einfach mal keine Mama oder kein Papa, die etwas von dir wollen? Einfach mal keine Erwartungen, die an dich gerichtet sind? Kein Druck von aussen? Kein Denken darüber, was man gerade denkt? Ja, einfach mal Mensch sein!

Wenn du dich in diesen Gedanken wiederfindest, verstehe ich das sehr gut. In dieser Welt wird so viel von einem gefordert und dann kommt noch das hinzu, was man sich selbst abverlangt. Wir sind getrieben von Kulturen, Einflüssen, Träumen, Visionen oder sonstigem. Wie gut ich das kenne! Da ist man leidenschaftlich an etwas dran, will sogar noch das Gute und es sind doch viele weitere Einflüsse da, die man berücksichtigen sollte, ausser man klinkt sich ganz aus. Gut zu wissen: Wir müssen nicht die Welt retten und wir können das auch gar nicht. Ich glaube, Gott hat uns befähigt, dass wir die Welt prägen und ein Stück Himmel auf die Erde holen können. Aber wir können nicht überall sein. Es ist schlichtweg nicht möglich, dass wir überall gleichzeitig am Start sind. Kein Problem, wenn du dieses Gefühl, von dem ich hier erzähle, nicht kennst, ich schreibe es dann einfach an mich selbst!

So oft habe ich neue Ideen, Träume und Visionen. Doch ich muss begreifen, dass ich schlichtweg nicht alles umsetzen kann. Die Idee ist ja das eine, jedoch zieht eine Idee jedes Mal eine lange Liste von Dingen nach sich, die es zu beachten gilt. Seit dem Sommer 2017 bin ich verheiratet. Da kann ich nicht die ganze Zeit machen, was ich will, und einfach sagen: «Ich mache heute wieder einen 18-Stunden-Tag.» Nein, da braucht es Respekt, Einsicht und Liebe von beiden Seiten. Ich kann nicht mehr in den nächsten Flieger einsteigen, nur weil ich jetzt gerade Lust dazu habe, ans Meer zu fliegen, wie ich das viele Jahre gemacht habe. Oft wurde ich schon gefragt: «Warum heiratest du eigentlich? Du bist doch so ein freier Vogel!» Ja, richtig, aber das schliesst sich ja nicht aus. Auch nachdem ich geheiratet habe, ist dieses Gefühl weiterhin in mir, dass ich ab und zu einfach mal aus dem laufenden Geschäft raus muss und mir eine Auszeit nehme. Weil ich das so gerne mache, heisst meine Frau diese Aktionen auch gut und lässt mich gehen, wenn ich eine Auszeit brauche. Mir ist bewusst, dass es nicht selbstverständlich ist, dass eine Frau zulässt, dass der Mann so viel unterwegs ist. Es ist absolut ein Geschenk. Genau deshalb – und noch wegen vieler anderer Dinge – habe ich sie ja auch geheiratet. Sie kennt mich gut und weiss, was mir guttut und wie ich funktioniere.

Wenn man eine Vision im Herzen trägt und die Kraft von einem Bund verstanden hat oder wenigstens daran gerochen hat, dann wächst dieser Wunsch nach Ehe. Auch wenn dein Bild von Ehe total zerstört ist und du denkst, dass du dir so etwas nicht antun willst. So eine Reaktion hat oft eine der folgenden Wurzeln: Scheidung der Eltern oder von Leuten, die einem nahestanden, Verletzung durch verschiedene Beziehungen oder ein gestörtes Beziehungsbild, zu starker Egoismus oder auch einfach kein Bock auf Verpflichtung.

Wenn man in einer Partnerschaft lebt, ist es meiner Meinung nach sehr wichtig, dass man ehrlich über diese Punkte spricht. Vor unserer Verlobung habe ich mit Elena darüber gesprochen, nachdem sie mich gefragt hat, welche Zweifel ich habe. Ganz ehrlich habe ich ihr gesagt, dass ich Angst davor habe, keine Zeit mehr für mich zu haben und ich dann ein langweiliger Mensch werde, der in einem Muster gefangen ist. Daraufhin hat sie mir zugesagt, dass sie mir diese Freiräume geben wird. Gerade bin ich für drei Tage auf Zypern und schreibe diese Zeilen. Drei Tage, an denen sie mich freigesetzt hat, weil sie die Vision für dieses Buch auch zu ihrer Vision gemacht hat. Sie liebt es genauso, wenn Menschen verändert, motiviert und freigesetzt werden. Das hat manchmal seinen Preis. In diesem Fall zahlt sie den grösseren, denn mir strahlt gerade die Sonne auf den Rücken. Das bedeutet für mich wiederum, dass ich mit meinem Herzen und meinem Verstand ganz klar anwesend bin, wenn ich zurück bin. Denn in der Ehe ist es ein Geben und Nehmen. Es sollte nicht sein, dass einer dem anderen unterlegen ist. Ich persönlich halte nichts von Einstellungen wie: «Die Frau ist unter dem Mann und so.» Ja, das muss ich jetzt fast sagen, denn meine Frau wird dieses Buch bestimmt auch lesen. Haha, Spass! Einfach nur Mensch sein und das, obwohl man fix in einer Beziehung ist? Geht das also? Ja, das geht. Es ist eine Frage der Kultur und der Kommunikation.

Wenn du in einem Bereich deines Lebens immer wieder an den Punkt kommst, an dem du dir denkst: «O Mann, kann ich nicht einfach mal sein?», dann ist es an der Zeit, mal genauer hinzuschauen und etwas zu verändern, statt auszubrechen. Eventuell ist man einfach überfordert mit der Situation: zu viel Arbeit, Rachegedanken, zu viele offene Projekte, der Wunsch nach mehr oder was auch immer! Es ist doch schön, wenn du durchs Leben gehen kannst und dabei einfach du selbst sein darfst. Egal, wo du bist. Sei es mit den Kindern zu Hause, am Arbeitsplatz, in der Schule. Wenn du das «Jetzt» voll wahrnehmen kannst, sogar, wenn der Druck um dich herum grösser wird. Wenn du trotz allem in der Ruhe bleiben kannst, statt innerlich zu rebellieren und jedes Mal zu denken: «Ich will doch einfach mal sein!»

Schaffe dir einen Ort der Stille. Finde heraus, was du gerne möchtest, was deine Nächsten gerne hätten und was die Erwartungen um dich herum wirklich sind. Eventuell musst du dich von Dingen oder auch Freundschaften verabschieden, da du bestimmte Ansprüche gar nie erfüllen kannst. Warum sich unnötig jahrelang quälen, statt sich mal hinzusetzen, die Situation zu analysieren und dann mutig neue Schritte zu gehen und die Komfortzone zu verlassen? Vergiss nicht, dass es dein Leben ist und du entscheidest, was du in diesen Jahren hier unten machen willst. Du kannst darüber mitentscheiden, was man mal über dich sagt, wenn dein Tag der Abdankung kommt. Was denkst du, wenn heute deine Beerdigung wäre, was würde wohl auf deinem Grabstein stehen? Welche Worte? Grosszügig, barmherzig, liebevoll oder doch eher immer gereizt, ständig am Trinken und am sich Ablenken? Eventuell findest du diese Zeilen zu hart. Das ist leider die Tatsache! Wir haben von Gott einen freien Willen erhalten und wenn du das wertschätzen willst, setze deinen Willen auch richtig ein und nimm es nicht gleichgültig hin. Du schaffst das.

Du wurdest mit so vielen tollen Fähigkeiten ausgestattet. Der, der dich geschaffen hat, liebt dich so sehr, dass du kein Sklave eines Systems sein musst.

Ja, du darfst leben und einfach nur du sein. Sogar dann, wenn die Kultur an dem Ort, an dem du bist, ganz anders ist. Es gibt einen Grund, warum du gerade an dem Ort bist, an dem du jetzt gerade bist. Hätte der liebe Gott gewollt, dass du in einer anderen Kultur grossgeworden wärst, dann wärst du eben dort geboren. Ganz einfach. Und wenn es dir nicht gefällt und dein Typ nicht an den Ort passt, an dem du lebst, dann hast du ja die Freiheit, umzuziehen oder aber die Kultur an dem Ort mitzuprägen. Die andere Variante wäre, es zu akzeptieren und lieben zu lernen.

Sein, einfach mal du sein. Wie schön wäre es, wenn wir diese Zeiten des Seins nicht nur in Auszeiten erleben, sondern in unseren Alltag integrieren? Fang an, dir Gedanken zu machen, wer du eigentlich bist. Was du eigentlich möchtest. Was du deinen Kindern mitgeben willst, nicht nur in Worten. Was willst du ihnen vorleben? Überlege dir, mit welchen Eigenschaften du geschaffen wurdest. Schau deine Situationen an, sei und bringe die Veränderung, die du dir wünschst. Gehe dabei sorgfältig und respektvoll vor, denn die Grenzen der Mitmenschen gilt es zu respektieren. Genauso, wie man es selber gerne hat.

24

LEITERSCHAFT

Die Fähigkeiten und Persönlichkeiten eines Teammitgliedes werden geprägt, bevor er oder sie in ein Team hineinkommt. Manche Leiter profitieren von der Arbeit, die die Teammitglieder bereits selber im Leben geleistet haben oder von der Arbeit anderer Leiter, die zuvor die Person geprägt haben. Was ich damit sagen möchte: Jeder hat eine andere Ausgangsposition, als Leiter kann man nicht von allen die gleichen Dinge erwarten. Man sollte einem Teammitglied die Möglichkeit und den Raum geben, zu wachsen und sich zu entfalten. Sogar die Chance, über den Teamleiter hinauszuwachsen. Zu oft habe ich Menschen beobachtet, die frustriert waren, weil sie nicht ernst genommen wurden. Entweder, weil man zu viel von ihnen verlangt hat oder weil sie sich nicht voll einbringen konnten. Man hat sie einfach nicht wahrgenommen. Jeder Mensch hat einen anderen Hintergrund, daher braucht es Feingefühl, um Leute in einem Team zu leiten.

Als Leiter eines Teams ist es ganz wichtig, dass man sein eigenes Leben im Griff hat.

Wie will man jemanden leiten, wenn man sich selbst nicht leiten kann?

Ein Leiter ist einer, der den anderen dient und selbst die Stärke dazu hat. Als Leiter ist es unglaublich wichtig, ein dienendes Herz zu behalten und sich nicht zu schade für gewisse Aufgaben zu sein. Hier rede ich nicht von einer sinnvollen Aufgabenverteilung oder darum, zu delegieren. Es geht um die Bereitschaft des Dienens.

Im Winter 2017 war ich über mehrere Tage immer wieder bei der Recycling-Stelle in der Nähe von Schaffhausen. Wir waren gerade dabei, den neuen Showroom von LYN umzubauen. Mit dem Abfallmeister dort konnte ich richtig gut. By the way: Recyceln gehört auch zum Leben dazu, es heisst ja auch LOVE YOUR NATURE. Yes, ich liebe die Natur!

Nach meinem fünften Besuch dort fragte mich der Abfallmeister schliesslich: «Was macht ihr eigentlich?» Da sagte ich zu ihm: «Ich komme gleich zu dir, ich gehe nur kurz zur Kasse.» Da kam ich zurück und sah, wie er ganz intensiv ein Bild, das auf unserem Bus klebte, anschaute, auf dem wir gerade einem Obdachlosen helfen. Da drehte er sich zu mir um und sagte sichtlich berührt: «Jetzt verstehe ich! Aber wer ist eigentlich der Chef eurer Firma?» «Das bin ich», gab ich zurück. «Nein, im Ernst.» Und ich wieder: «Doch, das bin ich.» Dann fragte er mich, warum ich denn dann den Abfall entsorgen würde, das solle ich doch meine Mitarbeiter machen lassen. Ich sei doch der

Chef und bräuchte doch keinen Abfall mehr in die Hand zu nehmen. Aber hier ist die zentrale Frage: Bin ich mir zu schade, den Abfall zu entsorgen oder gebe ich es ab, da ich gerade andere Prioritäten habe? Ich denke, ihr versteht, was ich meine. Was ich sagen möchte, ist, dass ich ein unglaublich guter Leiter bin. Nein, Quatsch!

Jeder von uns ist anders geprägt. Ein paar hatten Eltern, die immer an sie geglaubt haben. Eltern, die bei jedem Spiel oder jeder Vorführung dabei waren und sie angefeuert haben. Die mit einem in den McDonald's gefahren sind, wenn man gewonnen hat. Sie haben immer nur Sieg in dich hineingesprochen. Da gibt es aber auch Leute, die etwas anderes erlebt haben, aufgewachsen sind in zerrütteten Verhältnissen. Menschen, die gehört haben, dass sie nicht gewollt sind, dass sie eh nichts können und sogar zu dumm für dies und jenes sind. Schau mal, keiner will dich in der Mannschaft und und und. Da wurde statt Leben und Sieg Tod ausgesprochen und wir wissen, Worte haben Macht!

Noch einmal als Erinnerung: Lasst uns auf unsere Worte achtgeben und sorgfältig mit ihnen umgehen. Am Schluss ist es so oder so nicht das Wichtigste, was die Eltern von dir sagen, sondern, was der liebe Gott von dir sagt. Und der hat gesagt: «Du bist gewollt und geliebt, deshalb habe ich dich erschaffen! Wenn alle gegen dich sind, bin ich für dich!» Beginne damit, dir diese Wahrheiten einzuprägen. Je mehr Gutes du in dich hineinlässt, desto schneller ist der alte Müll draussen.

Wenn sich Leiter bewusst Gedanken über die einzelnen Teammitglieder machen, dann wissen sie, wo sie ansetzen müssen. So fühlt sich das Mitglied verstanden und wohler. Da entsteht Raum für Veränderung und eine Kultur wird positiv geprägt. Daran merkt man ziemlich schnell: Wow, da ist ein Leiter, der es liebt, wer man ist und was man macht. So entsteht eine Atmosphäre, in der man sogar Fehler machen kann und doch angenommen ist. Doch wie gesagt, wenn ein Leiter sich nicht wirklich selbst annehmen kann, wie soll er die Leute im Team annehmen können? Falls das bei einem deiner Leiter der Fall sein sollte, dann bring du die Veränderung ins Team. Erwarte nicht alles von deinem Leiter, wenn du es noch nicht selbst lebst. Ehre deinen Leiter. Auch dann, wenn er gewisse Dinge noch nicht erkannt hat. Es ist von grosser Bedeutung, dass du deinen Leiter ehrst. Warum? Ganz einfach, er ist in gewisser Weise ausgestellt und gibt hoffentlich sein Bestes! Wie leicht ist es, jemanden in einer Führungsposition zu kritisieren! Wenn man allerdings selbst nicht in so einer verantwortlichen Position ist, weiss man auch nicht, wie viel Mühe und Kraft eine solche Aufgabe wirklich bedeutet. Somit ist es grundsätzlich wichtig, dass du deine Leiter ehrst!

LEITERSCHAFT

Dieses Kapitel zu schreiben, ist schon besonders für mich. Nie kam ich in den Genuss von irgendwelchen Leiterkursen. Noch eigenartiger ist es, da ich jahrelang, auch aufgrund meiner Biografie, ein Einzelkämpfer war.

Im Laufe meines Lebens habe ich allerdings gemerkt, dass die Kraft eines Teams enorm sein kann – wenn das Team richtig ist. Leider habe ich zu wenige Teams gesehen, die mich inspiriert haben. Meistens ging es um Leistung oder darum, das Team zum Maximalen zu treiben. Selten gab es echtes Interesse am einzelnen. Wahrscheinlich kommen jetzt die ersten Einwände: «Im Geschäftsalltag hat man auch keine Zeit für jeden einzelnen, der Leiter ist auch nicht verantwortlich für alles.» Da gebe ich dir total recht, der Leiter ist nicht für das Privatleben der Teammitglieder verantwortlich. Wenn aber kein Verständnis und Interesse für die Situation des Teammitglieds da ist, wird es schwierig, in Zukunft Extrameilen zu erhoffen, die Kultur im Team aufrechtzuhalten und vieles mehr. Dieses Interesse am anderen sollte auf selbstloser Basis gründen. Mir liegt es fern, hier irgendwelche Leiterschafts-Tipps zu geben. Mir ist bewusst, dass ich noch ein junger Leiter bin. Aber auf jeden Fall bin ich mir sicher, dass einige Leiter etwas an Herzlichkeit zulegen könnten, wenn ich so in diverse Teams schaue. Am Schluss ist es ein Team und wenn das ganze Team auf das Gleiche ausgerichtet ist, wird es leichter! Ich habe nicht die Absicht, eine Argumentationsschlacht auszulösen. Es sind einfach Gedankenanstösse zu diesem Thema, die mir wichtig sind.

Ich schätze die Bereitschaft von jedem, der eine Leiterposition übernimmt. Als Leiter macht man sich angreifbar und das kann viel Kraft kosten. Auf der einen Seite kann man Menschenleben prägen und somit ein Stück mitverändern. Auf der anderen Seite ist man ausgestellt und nie wird man es allen recht machen können. In einem Team hast du so viele verschiedene Charaktertypen. Schon allein, wenn du jemanden dabeihast, der komplett anders tickt als du, wird es schwierig. Es sei denn, du hast eine Kultur der Ehre und der Liebe im Team. Da kommt es gar nicht darauf an, dass man sich ähnlich ist, sondern es wird zum bereichernden Segen, wenn verschiedene Typen aufeinandertreffen.

Lasst uns Menschen sein, die in einem Team die Kultur der Ehre und der Liebe mitprägen. Egal, ob du ein Leiter oder ein Teammitglied bist! Zusammen ist ein Team stark und zusammen geht man weiter und länger, obwohl es allein manchmal einfacher und schneller wäre. Doch wir gehen für den LONG RUN!

Leiter sollten Menschen sein, die über Lösungen nachdenken, darüber reden und Hoffnung sprechen, auch wenn sie selbst ihre Zweifel haben. Der Glaube an den Durchbruch ist grösser als die miese Lage. Leiter wissen meistens, wer sie sind, und haben einen stetigen Hunger nach mehr. Sie sind wil-

Leiter sollten Menschen sein, die über Lösungen nachdenken, darüber reden und Hoffnung sprechen, auch wenn sie selbst ihre Zweifel haben.

lig, einen Unterschied zu machen, was auch immer die Motivation dahinter ist. Tatsächlich machen sie auch einen Unterschied, da sie Menschen sind, die aktiv werden und nicht passiv zuschauen. Sie handeln. Ja, sie haben die Kraft des Umsetzens verstanden. Leiter sollten auch erkennen, wann es an der Zeit ist, abzuwarten und geduldig zu sein. Sogar dann, wenn sie nicht verstanden werden und man sie unter Druck setzt, warum sie nicht handeln. Gute Leiter besitzen Weisheit und wissen immer wieder, was dran ist. Sie gestehen sich aber auch Fehler ein. Sie stehen zu ihren Schwächen und schämen sich nicht. Sie sind nahbar und lieben das Leben.

Ach, man könnte noch einiges mehr aufzählen, doch ich denke persönlich, dass es um ein paar wesentliche Punkte geht und der Rest ist dann das Fine-Tuning. Aber wenn der Motor, der Lack und die Felgen stimmen, dann rollt das Ding schon mal und es ist wichtig, dass es in Bewegung kommt. Denn dann kann man step by step daran arbeiten, weil einem Dinge auffallen, die nicht ganz rundlaufen. Doch vom ständigen Betrachten eines Autos hat sich noch nie ein Auto selbst repariert. Man muss schon noch selbst anpacken. Dann gibt es Testphasen. Man schaut zu, wartet bis der Motor und alles andere auf Hochtouren läuft. So ist es auch in einem Team. Immer braucht es eine Phase, in der man ankommen kann, denn jeder bringt eine andere Prägung mit. So braucht es eine gewisse Zeit, bis man verstehen darf, dass man erst mal eine Weile durchhalten muss und nicht gleich nach den ersten Enttäuschungen den Fisch macht. Sowohl als Leiter als auch als Teammitglied kann man ein neues Mitglied empfangen und ihm einen Raum des Willkommens schenken. Genauso ist es übrigens, wenn jemand das Team verlässt. Diese Person sollte mit Ehre verabschiedet werden.

Keiner hätte gern einen Vorgesetzten, der immer wieder unpünktlich ist, der seine Ausraster zelebriert, der nicht lebt, was er von einem verlangt, der schlecht über Menschen spricht. Wenn man etwas über Leiterschaft lernen möchte, kann man auch von einer guten Vaterschaft lernen.

Als Leiter hast du eine besondere Verantwortung.
Du kannst eine Kultur der Ehre anleiten.
Ein Team muss auf Liebe basieren. In guten und in schlechten Zeiten muss es sich aufeinander verlassen können, sogar über das Spielfeld hinaus.

LEITERSCHAFT

Eigentlich ist es ähnlich wie eine Bruderschaft. Als Leiter merkt man hoffentlich bald, dass es nicht schwierig ist, Siege oder Erfolge zu feiern. Schwieriger ist es, einem Team zu zeigen, dass es noch mehr gibt, und sie zu motivieren, für die ganze Vision, statt nur für Teilbereiche zu gehen. Für mich ist es deshalb sehr wichtig, dass ein guter Leiter eine Vision für das hat, was er macht. Über das Thema Leiterschaft könnte man ganze Bücher schreiben, doch schlussendlich ist es wichtig, dass man bei sich selbst anfängt, sein Leben im Griff hat und anfängt, für die Vision zu gehen.

25

GRENZEN

Sich und anderen Grenzen zu setzen, ist super wichtig. Doch was sind überhaupt Grenzen? Grenzen kann man schlecht ziehen, wenn man nicht weiss, was das ist. Warum sollte man sie sich und anderen setzen? Warum neu setzen, wenn sie sowieso nicht respektiert werden?

Lange Zeit war es für mich sehr schwierig, Grenzen zu setzen. Da merkte ich, dass ich gar nicht genau wusste, was Grenzen eigentlich sind. Meine persönlichen Grenzen wurden mehrere Mal niedergetreten und missachtet, obwohl ich bei gewissen Punkten mehrmals deutlich gemacht hatte, dass es reicht. Es ist respektlos und egoistisch, seine Meinung zu äussern und zu handeln, wenn die Grenze eines Mitmenschen dabei überschritten wird. Spätestens wenn jemand sagt: «Hey, es reicht!», ist es genug. Wir dürfen einander nicht in die Enge treiben. Das gilt übrigens auch für Menschen mit narzisstischen Zügen.

Je mehr Gedanken ich mir über Grenzen gemacht habe, desto mehr habe ich gemerkt, dass sie unglaublich wichtig sind. Stell dir vor, du wärst ein Land und hättest keine Grenzen. Die Menschen kommen und gehen, wie sie wollen. Sie transportieren jeden Müll über die Grenze, wie zum Beispiel Drogen, und die ganze Jugend deines Landes würde damit in Berührung kommen. Reihenweise fallen die Leute vom Weg ab. Da wärst du doch ziemlich schnell an dem Punkt, an dem du Grenzen ziehen würdest, nicht wahr? Oder würdest du es zulassen, dass die positive Kultur, die in deinem Land aufgebaut wurde, einfach mal so schnell niedergerissen wird? Es ist besser, wenn man Grenzen mit liebevollen aber strikten Zöllnern hat als keine Zöllner und somit auch keine Grenzen.

Genauso ist es in deinem Leben.

Du entscheidest, wer bis zu deinen Grenzen kommen darf und wer sie übertreten darf.

Dabei ist es ganz wichtig, dass du die Wichtigkeit deiner Person entdeckst. Dadurch, dass du deine Identität entdeckst, wirst du merken, dass du einen unglaublich starken Wert hast. Dann lässt du nicht mehr jeden einfach so über deine Grenzen spazieren. Es ist gut, wenn du zu gewissen Zeiten nicht mehr für alle oder auch für niemanden erreichbar bist. Wenn du in den Ferien nichts von deinem Chef hören möchtest. Wenn du Zeit allein haben möchtest, ohne deinen Partner. Wenn du dir eine Auszeit nimmst. Um diese Zeiten musst du kämpfen. Aber nur, bis sich das alles eingependelt hat. Einen Ort der Ruhe, Erholung oder Konzentration zu haben, ist unglaublich wichtig. Dafür braucht

GRENZEN

es Grenzen und klare Kommunikation!

Natürlich gibt es ganz verschiedene Grenzen. Es gibt solche, die ich meinem persönlichen Leben setze. Von meiner Natur aus gehe ich gerne immer ein Stück über die Limits, solange ich damit niemandem schade. Ein kleines Beispiel: Kürzlich war ich mit meinem Freund Michael in Kapstadt. Dort fuhr ich durch den unglaublich schönen Chapmanspeak. Eine Kollegin aus dem Team von LOVE YOUR NEIGHBOUR war an diesem Tag auch mit dabei. Dort haben wir einen Stopp eingelegt, das war «The time of the day – magischer sunset»! Da war eine Frau, die zu uns sagte: «Soll ich euch einen schönen, ganz besonderen Platz zeigen?» Wir sagten natürlich sofort ja und gingen hinter die Absperrung. Das war ganz schön steil! Nein, das ging super. Bitte entscheidet euch jetzt nicht per se dazu, bei Aussichtspunkten hinter die Absperrungen zu gehen. Also, wir kletterten drüber und eine Minute später kamen wir bei einer Lichtung an. Es war unfassbar schön und herrlich! Dieser Ort ist für mich wohl zu einem der schönsten Plätze auf dieser Welt geworden! Manchmal müssen wir mutig sein und neue Wege gehen und unsere persönlichen Grenzen erweitern, sodass wir die Möglichkeit bekommen, neue wunderbare Dinge zu sehen.

Jemand aus meinem Team hat mal gesagt: «David, tritt ab und zu direkt an die Grenze dieser Person, sodass sie beginnt, über bestimmte Dinge nachzudenken.» Zuerst habe ich mich gefragt, ob ich auf, an oder über der Grenze dieser Person stehe. Bestimmt habe ich auch schon Grenzen übertreten. Übrigens ist es auch schwer, das nicht zu tun, man kennt ja nicht die Grenzen von allen seinen Mitmenschen. Vor allem dann, wenn sie keine sichtbar aufgestellt oder kommuniziert haben. Falls ich übrigens in diesem Buch eine deiner Grenzen übertreten habe, tut es mir leid. Hier versuche ich ein Stück weit, eine andere Sichtweise aufzuzeigen. Es kann so hilfreich sein, immer mal eine andere Brille anzuziehen! Wenn du eine orangene Brille hast und das ganze Leben mit der gleichen orangenen Brille durchläufst, wäre das doch echt komisch. Da wäre die Welt wohl nicht mehr als eine Orange!

Was mir in meinem Leben extrem geholfen hat, ist, die Welt zu bereisen. Teilweise sogar ganz allein. In irgendwelche Länder, wo ich nicht einmal die Sprache konnte. Wo ich mit Hand und Fuss kommunizieren musste, wo es zwar Strassenschilder gibt, auf denen ich allerdings nur ein tolles Design gesehen habe, das ein super Motiv für ein Tattoo gewesen wäre. Dabei habe ich meine persönlichen Grenzen immer mehr ausgeweitet. Teilweise habe ich erst ein paar Stunden vor meiner Abreise den Flug gebucht und hatte nach der Landung noch kein Hotel. Ich ging Schritt für Schritt. Ich wollte lernen, wie es ist, spontaner im Leben zu sein. Dabei landete ich in den unglaublichsten Räumen, auf Märkten, bei Gruppen, die mich mit in ihr Restaurant nehmen und mir irgendwelches Zeug im Keller verticken wollten. Wie ich solche Momente liebe! Teilweise liebte ich manches erst rückblickend, aber auf jeden Fall habe ich so unglaublich viele Dinge erlebt. Dabei lernte ich, mutiger und spontaner zu sein und weitete meine Grenzen aus. Dabei war ich auch an Orten, an denen ich Mühe mit bestimmten Verhaltensmustern hatte. Doch ich wollte keine Mauer in meinem Herzen aufbauen und so entschied ich mich, meine Grenzen zu erweitern und gerade dieses Land zu bereisen.

Es ist wichtig, dass wir die Grenzen unseres Lebens kennenlernen. Egal, welche Art von Grenzen. Wenn du solche Momente erlebt hast, in denen man deine persönlichen Grenzen übertreten hat, tut mir das so leid. Es ist nicht fair und absolut nicht okay! Ich wünsche dir ganz viel Kraft, diese Grenzen neu aufzubauen. Und wenn du neue aufbaust, bau direkt auf Felsen!

26

ABLEHNUNG

ABLEHNUNG

Ablehnung hat wohl jeder schon in seinem Leben erlebt. Einige bereits im Kindesalter, wenn sie von den eigenen Eltern gehört haben, dass sie nicht gewollt waren, oder sogar noch als Unfall betitelt wurden. Das sind schreckliche Aussagen! Wie kann man einem Menschen sagen, dass er ein Unfall oder ein Opfer ist? Doch nur, wenn man selber unglaubliche Baustellen im Leben hat. Meist sind es Menschen, die selbst viel Leid erfahren haben und eventuell nicht «wussten», wie man das Problem angehen könnte. Oder es einfach nicht wollten.

Falls du diese Sätze gehört oder diese Ablehnung von deinen Eltern erfahren hast, will ich dir jetzt etwas sagen: Du bist kein Unfall. Du bist gewollt. Ja, der liebe Gott hat ein mächtiges «Ja» über deinem Leben und er gab seinen eigenen Sohn, damit du frei sein kannst. Er schenkt dir neues Leben, wenn du das möchtest. Das heisst, du lässt das Alte, das Schwere los und empfängst die Freiheit, indem du umkehrst! Es ist ein Geschenk, das du empfangen kannst. Das glaube ich zumindest und dieses Buch habe ich ja auch geschrieben, deshalb schreibe ich hier auch darüber, was ich glaube. Wenn du was anderes glaubst, gehe deinen Weg und finde die Wahrheit heraus. Ich selber habe es immer wieder erlebt, dass, wenn ich in einem Gebet meine Sorgen und Lasten abgegeben habe, ich ein Geschenk erhalte. Sprich, ich betete dafür, dass die Ablehnungsgedanken abfallen. Und habe Annahme empfangen. Wenn ich für meine Stresssituationen gebetet habe, habe ich Ruhe oder eine neue Perspektive erhalten. Öfter habe ich auch schon gebetet und es ist nichts passiert. Warum auch immer. Darauf gehe ich jetzt nicht näher ein. Man kann darüber so viele Theorien aufstellen, wie man möchte, doch am Schluss muss jeder seinen Weg im Leben gehen. Einer mag behaupten, dass man zu wenig daran geglaubt hat, der andere, dass man anders beten muss, whatever! Ich denke relativ simpel. Wenn ich mir vorstelle, dass ein Kind ein Gebet zum lieben Gott hochsendet, dann weiss dieses Kind ja auch nicht, wie es beten soll. Es betet einfach direkt aus dem Herzen!

Zurück zum Thema Ablehnung. (Nicht immer ist es einfach, wenn man so ein Spaghetti-Denker ist wie ich. Da kommt dir ständig etwas Neues in den Sinn ...) Einige von uns haben vielleicht erlebt, dass sie abgelehnt wurden, da sie im Sport zu wenig talentiert waren. Wenn die Mannschaften zusammengestellt wurden, wurde man zuletzt gewählt. Wenn eine Geburtstagsfeier stattfand, wurde man nie eingeladen oder wenn es gut kam, eventuell zum Vorbereiten. Ein paar wiederum wollten unbedingt als Model arbeiten, doch keine Agentur biss an und sie bekamen Absagen über Absagen. Ein paar werden von den eigenen Kindern abgelehnt. Dafür, warum man abgelehnt wird, kann es viele Gründe geben. Wenn wir allerdings wissen, dass wir gewollt, geliebt und von Gott geschaffen sind, gibt das eine unglaubliche innere Stärke. Da können dich tausend Leute ablehnen und du stehst immer noch wie eine Eins auf dem Schlachtfeld! Auch wenn Annahme ein tiefer Wunsch von uns Menschen ist. Jedoch dürfen wir unsere Lebensfreude nicht davon abhängig machen.

Unser Ziel darf es so oder so nicht sein, Annahme bei Menschen zu finden. Jeder soll seiner Berufung nachgehen und somit erfahren und glauben, was sein Wert ist.

Als ich in der Finanzbranche arbeitete, habe ich auch viele Ablehnungsmomente erlebt. Das durfte ich nicht persönlich nehmen. Genau das habe ich allerdings getan. Jedes Mal, wenn ich es mir zu Herzen genommen habe, ging es mir ganz schlecht. Mir raubte es alle Kraft und für eine Weile wurde ich passiv. Da gab es Menschen, die haben mich komplett abgelehnt, als sie sahen, dass ich beraten und verkaufen wollte. Sie haben mir sogar die Freundschaft gekündigt! Das war so hart. Da gibst du dein Bestes, bist voll motiviert und dann wirst du noch abgelehnt! Doch es gab auch Menschen, die mich beobachtet und eventuell meine Beratung abgelehnt haben – aber nicht mich als Person. Sie konnten differenzieren und hatten genug Grösse!

Hier möchte ich Folgendes kurz einschieben: Falls du Menschen in deinem Leben abgelehnt hast und diese Namen immer wieder hochkommen, wäre es möglicherweise an der Zeit, dich zu entschuldigen! Natürlich nicht bei irgendwelchen Menschen, mit denen du gar nichts zu tun hast. Aber wir hassen Ablehnung, somit sollten wir auch keine Ablehnung streuen.

Sind wir Menschen, die andere Menschen bedingungslos annehmen oder geben wir uns nur mit Menschen ab, von denen wir profitieren können?

Da gibt es leider genug Zitate und Empfehlungen von Motivationssprechern, dass wir uns nicht mit Menschen abgeben sollen, die nicht in unserer Klasse spielen. Sorry, was ist das bitte für ein Müll? Natürlich verstehe ich es, wenn du ein motivierter Mensch bist, der gerne Erfolg hat. Dann ist es schon sinnlos, wenn du in deiner Freizeit nur mit Menschen zusammen bist, die herumjammern und nicht an sich arbeiten wollen. Aber man kann das doch nicht komplett abgrenzen.

Wo sind wir bereit, einen Unterschied zu machen? Wo bringen wir das

ABLEHNUNG

«Verstandene» zu den Menschen? Wo beginnen wir, die Kultur zu prägen? Indem wir eigene Subkulturen bilden? Wo das geschieht, beginnt Ablehnung. Was muss das für ein Gefühl sein, wenn du dich an einem Ort abgelehnt fühlst und plötzlich bemerkt dich jemand und nimmt dich so an, wie du bist! Nicht erst, wenn du Topleistung gezeigt hast, sondern weil jemand dein DU erkannt hat. Wenn man Ablehnung erlebt, kann man sich auch mal fragen, woran das liegen kann. Wenn im Gym jeder das Gerät wechselt, wenn du kommst, könnte es sein, dass du unglaublich nach Schweiss riechst. Jetzt lachen wir, aber glaub mir, ich habe schon Trainings abgebrochen, weil manche Leute so unglaublich gestunken haben. #oneLove4Deo Das Thema Hygiene ist ja sehr heikel, aber mal ganz ehrlich, wenn jemand total unhygienisch ist, dann ist es schon nicht so easy, mit dieser Person abzuhängen. Wenn Menschen nicht mehr gerne mit einem in den Ausgang gehen wollen – meine deutschen Freunde würden jetzt wohl eher «feiern gehen» sagen –, weil man es jedes Mal heftig übertreibt, kann man sich auch fragen, warum. Eventuell wäre es an der Zeit, an sich zu arbeiten und sich selbst Grenzen zu setzen. Oder sich auch zu entschuldigen! Oder wenn du in einem Umfeld bist, in dem man dir den Erfolg nicht gönnt, ist die Frage, ob du am richtigen Ort bist oder ob du den Leuten deinen Erfolg unnötig präsentieren musst. Sich freuen ist mega wichtig und auch, Erfolge zu zelebrieren, jedoch ist es immer eine Frage der Weisheit, wie man damit umgeht und vor wem.

Darüber, dass es auch Veränderungen im Leben gibt, muss man sich im Klaren sein.

Immer wieder beobachte ich Menschen, die aus dem Nichts aufsteigen. Die sich entschieden haben, etwas aus ihrem Leben zu machen. Dafür verlassen sie sogar für eine Weile ihr Umfeld. Ihr Freundeskreis nimmt das schnell als Ablehnung wahr. Doch was diese Person gerade versucht, ist, sich einen Schutzraum zu schaffen, in der sie die Veränderung anpacken kann. Sich aus solchen falsch verstandenen Situationen zu befreien, ist nicht immer leicht. Aber meisten hilft schon eine klare Kommunikation. Allerdings gibt es auch Fälle, da muss man etwas Altes abschneiden, damit etwas Neues, Starkes wachsen kann. Schlimm ist es, wenn danach Verachtung aufkommt – sei es vom Umfeld oder von demjenigen, der einen neuen Weg einschlägt. Lasst uns Menschen sein, die unseren Mitmenschen Raum für Veränderung geben. Einen Raum, in dem sie Fehler machen dürfen, in dem sie herausfinden können, was sie lieben, was sie wollen und wer sie sind! Das macht echte Freundschaft aus. Raum für Veränderung, sogar dann, wenn man einen Freund und seinen Weg einmal nicht versteht.

ABLEHNUNG

Wenn man versteht, was hinter der Ablehnung steckt, wird es einfacher, damit umzugehen. Noch viel besser wird es gehen, wenn man weiss, wer man ist und mit was man ausgerüstet ist! Kürzlich erhielt meine Frau eine Nachricht von einer Freundin, dass die zu Hause ist, die Maske für ein paar Minuten abziehen kann und weint. Sie ist erschöpft von diesem Spiel, doch sie würde ohne diese Maske nur Ablehnung ernten. Krass! Jetzt habe ich gerade wieder Gänsehaut, wenn ich daran denke. Was für eine ehrliche und warmherzige Kultur meine Frau lebt, dass diese Person ihr das anvertraut. Und wie unglaublich ist es, wenn wir uns in unserem Umfeld so verstellen und anstrengen müssen, dass wir es gerade noch knapp über die Türschwelle schaffen, bevor die Tränen fliessen! Ein Einzelfall? Leider nein! So viele junge Menschen nehmen bereits Antidepressiva, gehen in eine Therapie oder spielen den Maskenball. Der Druck der Gesellschaft ist so gewaltig und oft gibt es keinen Platz, an dem man so angenommen ist, wie man ist. Aber wenn nicht du in deinem Umfeld beginnst, diesen Unterschied zu machen, wer dann? Besser, du beginnst bald damit. Nicht, dass du plötzlich noch Nackenschmerzen von den vielen Masken bekommst, die du ständig tragen musst.

Sind wir Menschen, die anderen mit Annahme und Liebe begegnen? Sogar dann, wenn sie komplett anders sind als wir? Man braucht ja nicht überall Freundschaften zu schliessen, aber Menschen gleich ablehnen?

Kürzlich erzählte mir jemand, dass ein anderer über mich sagte, ich sei ein arrogantes Arschloch. Sorry für den Ausdruck. Ich gebe nur wieder, was er gesagt hat. Ich fragte, wer das gesagt hatte. Als ich den Namen hörte, klingelte bei mir nichts: «Äh, wer ist denn das bitte? Ich habe diesen Namen noch nie gehört.» «Doch!», meinte er, der andere habe mir schon ein paar Mal geschrieben und ich hätte nie geantwortet. Deshalb ist er der Überzeugung, dass ich so ein Arschloch sei. Ich kriege unglaublich viele Nachrichten und ich gebe mir Mühe, die meisten davon zu beantworten. Aber wenn man weiss, dass jemand in der Öffentlichkeit steht, sollte man doch das Verständnis und den Respekt aufbringen, dass man nicht jedem zurückschreiben kann. So eine Verhaltensweise ist kein weises Handeln. Wenn man enttäuscht ist, also eine Erwartung nicht so eingetroffen ist, wie man es erhofft hat, macht man diese Person doch nicht schlecht oder erzählt solchen Müll.

Wie cool ist es, wenn wir Menschen ermutigen und annehmen können und somit auch Verständnis für ihre Situationen haben. Manchmal habe ich auch schon Menschen in meinem Herzen abgelehnt, bei denen ich mir sicher war, dass diese Person mich absolut nicht leiden kann. Kürzlich zum Bespiel, auf einem Event, blickte mich ein Mann so unglaublich böse an, dass

Sind wir Menschen, die anderen mit Annahme und Liebe begegnen? Sogar dann, wenn sie komplett anders sind als wir?

ich dachte: «Der will mich jetzt gleich in tausend Teile zerreissen.» Ich drehte mich zu meinem Kollegen und sagte: «Huihui, der will mir glaube ich eine knallen.» Er erwiderte: «Ja, das habe ich auch gerade gesehen.» Daraufhin habe ich ihn zirka 30 Minuten immer ein wenig beobachtet und sein Blick wurde immer böser. Innerlich habe ich den Typen so was von abgeschrieben. Später, als ich mit dem Aufräumen fertig war, kam er direkt zu mir und grinste mich plötzlich mit einem der schönsten Smiles an, die ich je gesehen habe! Richtig Zucker. Dann sagte er mir, dass er noch kurz hatte warten wollen, bis ich alles fertig gepackt hatte, weil er mich nicht stören wollte. Er habe meine Rede gehört und war so berührt, dass er mir sagen wollte, dass ich sein absolutes Vorbild sei. Mir fiel die Kinnlade runter. «Mann, ist das dein Ernst?», habe ich gedacht. «Hättest du mir nicht schon vor 45 Minuten einen Smile rüberschicken können? Ich habe mir fast 45 Minuten in die Hose gemacht!» Das meine ich: So schnell lehnt man jemanden ab und hat gar keine Ahnung, was bei ihm im Herzen abgeht.

Für Annahme muss man nicht auf derselben Wellenlänge sein.

Man muss ja nicht direkt weitere Meilen mit dieser Person gehen. Vielleicht kommt es allerdings überraschenderweise doch dazu. You will never know if you never try!

27

SELBSTBEWUSSTSEIN

SELBSTBEWUSSTSEIN

Laut Duden ist «Selbstbewusstsein» ein Begriff, der in mehreren Fachdisziplinen verwendet wird. In der Soziologie, Philosophie, Psychologie oder der Geschichtswissenschaft. In jeder dieser Fachdisziplinen wird «Selbstbewusstsein» anders definiert. Im Mittelpunkt steht allerdings immer das Denken und Erkennen der eigenen Persönlichkeit. Noch besser lässt sich das Wort aus dem Englischen «self confidence» herleiten. «Confidence» heisst Vertrauen oder Zuversicht. Man vertraut sich also ein Stück weit selbst und kennt seine Eigenschaften. Allgemein wird «Selbstbewusstsein» als «das Überzeugtsein von seinen Fähigkeiten, von seinem Wert als Person, das sich besonders in selbstsicherem Auftreten ausdrückt» definiert.

Kennt ihr diese Menschen, die einen Raum betreten und man merkt sofort, dass sie selbstbewusste Menschen sind? Hier rede ich nicht von den Leuten, die ein grosses Mundwerk haben oder eine Maske tragen. Nein, sondern von denjenigen, bei denen man die Weisheit schon fast in den Augen sehen kann, die genau wissen, wer sie sind. Das sind Menschen, die kennen ihren Wert, sie waren bereits an ihren Wurzeln. Sie wissen, von wo sie kommen, wer sie sind, was sie können, was sie abrufen können und wohin sie gehen. Menschen, die ihre Identität gefunden haben, die genug Intimität mit sich selbst oder mit Gott hatten, sodass sie Antworten auf die Fragen, wer sie sind, gefunden haben.

Von allein kommt das nicht! Als meine damalige Partnerin und ich 2010 auseinandergegangen sind, habe ich mich auf diese Reise gemacht. In dieser schwierigen Situation war ich an dem Punkt in meinem Leben angekommen, an dem ich diese Fragen beantworten musste. Dazu habe ich mir Stunden, Wochen und Jahre Zeit genommen. Warum sogar Jahre? Weil ich immer noch dran bin. Immer wieder gibt es Zeiten, in denen ich an meinen Wurzeln dran bin. Nicht, dass das jedes Mal Seelsorgestunden wären. Sondern ich mache mir Gedanken und arbeite an mir. Ich finde es spannend, mehr darüber herauszufinden, wie ich erschaffen und was in mich hineingelegt wurde!

Wenn du beginnst, zu begreifen, was alles in dir steckt, stärkt das deine Persönlichkeit, dein Charakter wächst und dein Selbstbewusstsein wird fester. Um stabil durchs Leben zu kommen, musst du diese Fragen beantworten. Ansonsten bleibst du ein Spielball des Systems.

Wir alle wurden mit einer gewaltigen Berufung geschaffen. Sei es, eine wunderbare Mama zu werden und viel Leben in die Kinder zu sprechen und Liebe vorzuleben, oder als Unternehmer die Geschäftswelt mit himmlischen Werten zu prägen. Wenn du in deiner Berufung laufen möchtest, ist es wichtig, dass du dich kennst und dein Selbstbewusstsein stark ist! Wenn du dich selbst akzeptierst und auch liebst, wirst du merken, dass das ein wichtiger Meilenstein in deinem Leben ist. Dich selbst zu lieben und zu akzeptieren, so wie du erschaffen wurdest, ist so unglaublich wichtig! An dieser Stelle möchte ich dir sagen: Es ist so gut, wie du erschaffen wurdest! Du musst nicht anders sein oder so wie deine Freunde. Nein, es ist gut so, wie du bist. Finde du ganz persönlich die Antworten auf deine Lebensfragen. Diese Reise anzutreten, lohnt sich!

Es ist an der Zeit, sich besser kennenzulernen, sich zu akzeptieren und sich dann zu lieben. In den Augen unseres liebenden Gottes sind wir perfekt erschaffen. Also liegt es an uns, seine Gedanken über uns zu unseren zu machen. Nimm dir Zeit dafür, oder einmal eine Auszeit und sei so fair mit dir selbst. Du wirst es dir danken! Es ist so viel schöner, selbstbewusst durchs Leben zu gehen, als eine Maske zu tragen und vermeintlich stolz herumzumarschieren. Selbstbewusstsein ist etwas Wunder-volles!

Steve Jobs, der Gründer der Firma Apple, sagte einmal: «Deine Zeit ist begrenzt. Vergeude sie nicht damit, das Leben anderer zu leben.» Allerdings wird das so lange der Fall sein, bis du herausfindest, wer du wirklich bist! Selbstbewusstsein ist die Fähigkeit, sich als Original wohlzufühlen. Oh, wie genial ist das denn bitte, wenn Menschen ganz natürlich sind und wissen, wer sie sind! Ich finde das wirklich unglaublich schön und attraktiv! Stell dir den Tag vor, an dem du niemandem mehr beweisen musst, was du kannst oder wer du bist. Weil du Freude am Leben hast und weisst, wer du bist, kannst du einfach sein und leben. Kannst du es sehen oder hast du es bereits entdeckt?

Einige Bereiche in deinem Leben wirst du nie sehen können, wenn du deine Identität nicht kennst. Automatisch bleiben dir Türen zu dir selbst verschlossen. Eventuell würdest du mit Mühe und Not hineinkommen, doch du würdest wohl nicht lange darin bleiben und es aushalten können. Denn ohne dich zu kennen und ein versöhntes Bewusstsein von dir selbst zu haben, wärst du dem Ganzen nicht gewachsen.

Warst du schon einmal an einer Passkontrolle am Flughafen? Dort schauen sie jedes Mal deinen Pass und dich an. Stimmt das alles überein? Erst wenn der Abgleich passt, kannst du weitergehen. Klar könntest du vorbeirennen, aber wenn du hinter der Passkontrolle als «Flitzer» giltst, dann mach dich mal auf ein paar Polizisten und eine Kugel gefasst. Mal abgesehen davon, dass du keine Ruhe finden würdest, da du weisst, dass du gesucht wirst. Als ich mal meine Haare und meinen Bart wachsen liess und an der Passkontrolle stand, wurde es ziemlich brenzlig. Die erste Aussage war: «Das sind nicht Sie hier auf dem Pass!» Ich antwortete direkt: «Klar bin das ich, fragen Sie mich doch aus.» Dann begann er, zu fragen und am Schluss meinte er: «Machen Sie am besten

neue Fotos damit Ihre ID wieder stimmt.» Stell dir mal vor, ich hätte mich in dieser Situation selbst nicht gekannt! Mein Flug wäre ohne mich abgehoben. Klar, hier geht es um ein Reisebeispiel. Kürzlich sah ich, dass eine ganze Familie nicht abreisen konnte, da der Pass der Kinder nicht gültig war. Die Enttäuschung der Familie zu sehen, war schmerzhaft! Für mich war es in diesem Moment sogar ein Vorteil, da ich zu der Zeit noch als Traveller-Partner unterwegs war und so die Möglichkeit hatte, besonders günstig Standby zu fliegen. Das heisst, ich erfuhr erst am Gate, ob es noch einen Platz gibt. Der Flug war allerdings schon voll. Dank dieser Familie konnte ich dann mitfliegen.

Wenn du deine ID nicht kennst oder sie nicht stimmt, kann es also sogar sein, dass du deine Plätze abgeben musst. Vielleicht sagst du dir: «Ja, ist doch auch schön, dann haben andere Freude.» Halt, stopp! Wenn es darum geht, dass du deine Berufung findest und lebst, solltest du nicht so leichtsinnig damit umgehen! Du kannst nicht zu alt oder zu jung sein, um diese Reise anzutreten. Und auch niemand anderes wird deinen Platz einnehmen können. Es ist nie zu spät, sich mit sich selber auseinanderzusetzen. Deine Identität zu kennen, wird dir helfen, dich selbst zu lieben und immer selbstsicherer zu werden.

Stell dir vor, ein Leuchtturm würde denken, dass er eine Al-dente-Spaghetti wäre. Kannst du dir vorstellen, wie dieses Pasta-Türmchen hin und her schwingt? Aber weil er weiss, dass er ein Turm ist, bleibt er konzentriert und gerade stehen. Eventuell ist das ein etwas spezielles Beispiel. Doch wenn wir uns kennen und selbstsicher sind, ist das so was von genial! Du kannst ganz praktisch damit beginnen: Überlege dir die Fähigkeiten, die in dich hineingelegt wurden, frage dein Umfeld, wie es dich sieht, frage Gott, was er über dich denkt, lies zum Beispiel in der Bibel. Mach dir Gedanken über deine Zeugung – sprich, wie du dich gegen tausende Mitbewerber durchgesetzt hast! Du wirst ziemlich schnell merken, dass du bereits ein Gewinner bist! Schreib dir diese Sachen auf, mache es dir zur Gewohnheit, immer wieder darüber nachzudenken und sprich diese Dinge über deinem Leben aus!

Stell dir vor, Zwillings-Jungs kommen auf die Welt. Dem einen wird das ganze Leben lang gesagt, dass er gewollt ist, geliebt und dass aus ihm ein unglaublicher Veränderer wird. Dem anderen wird das ganze Leben lang eingetrichtert, dass sie ihn nicht wollten, dass sie ihn hassen und dass er es zu nichts bringen wird! Ganz klar, wer es einfacher haben wird! Es ist nicht aussichtslos, wenn du eher die zweite Version erlebt hast, doch du musst härter kämpfen. Wenn du allerdings durchgebrochen bist zum Leben, dann wirst du eine ganz besondere Autorität erhalten, das glaube ich! Ich wünsch dir von Herzen viel Kraft, Mut und vor allem Freude bei deiner persönlichen Reise!

28

GUNST

Immer wieder höre ich in meinem Umfeld: «O Mann, David, du hast ja ein unglaubliches Glück. Dir passiert dieses und jenes. Gerade bist du im Urlaub, dann triffst du diese bekannte Persönlichkeit und dann, als wäre es nicht genug, kriegst du noch ein kostenloses Upgrade deines Hotelzimmers und für den Flug bezahlst du praktisch nichts!» Ich behaupte nicht, dass sie das böse meinen, sie haben ja recht. In meinem Leben läuft einiges ganz gut, hoffentlich!

Ein paar nennen es Glück, andere sagen dazu verdient oder man nennt es einfach Gunst.

Im Frühling 2017 flog ich mit der ganzen Shooting-Crew von LYN nach Mallorca, um dort die Frühlingskollektion zu fotografieren. Unterwegs dachte ich mir, wie toll es doch wäre, wenn ich in Zukunft sehr günstig fliegen könnte und nicht immer den vollen Flugpreis zahlen müsste. Diese Gedanken habe ich dann so ganz simpel in den Himmel geschickt. Zwei Tage später, am Ankunftstag auf Mallorca, erreicht mich eine Facebook-Nachricht von einer Frau, die ich zu dem Zeitpunkt nicht wirklich kannte. Sie fragte mich, ob ich ihr Traveller-Partner werden möchte. Sie arbeitet bei einer Fluggesellschaft und so kann sie eine Person eintragen lassen, die günstig fliegen kann. Natürlich nur die Flugziele, die diese Fluggesellschaft ansteuert. Vor Freude bin ich fast ausgerastet! Könnt ihr euch vorstellen, dass das wie ein geknackter Jackpot für mich war? Es ist ein unglaublicher Segen, da ich so viele Einsätze auf der ganzen Welt mache, Projekte besuche und immer wieder neue Orte der Ruhe suche.

Also habe ich die Frau zu Hause bei ihrer Familie besucht und wir hatten einen so genialen Abend. Bei einem superfeinen Abendessen sagte sie mir, dass sie es mir von Herzen gönnt und ich diese Flüge voll ausnutzen darf! Hey, ich meine, was ist das für ein Segen? Hat das irgendetwas mit «verdient haben» zu tun? Nein, es war einfach ein Geschenk! Danke Susanne!

Das ermöglichte mir kürzlich, für einen Strasseneinsatz nach Südafrika zu fliegen. Wir waren dort zirka zehn Tage in den Townships und auf den Strassen von Kapstadt unterwegs und haben Menschen beschenkt. Nach dieser Reise war ich ein wenig erschöpft. Als ich bei der Rückreise auf dem Flughafen eingecheckt bin, sagte mir die Dame der Fluggesellschaft am Gate: «Sie können heute kostenlos Business fliegen!» Bella Ciao, der David fliegt heute das erste Mal Business! Das war eine Freude. Versteht ihr, auch das hat nichts mit «verdient haben» zu tun. Manche würden das Karma oder so nennen, aber für mich ist es reine Gunst! Ich erwarte nicht, wenn ich etwas gebe, dass etwas zurückkommt. Aber dieser Flug war so unglaublich krass. Da gab es sogar einen Knopf, auf dem «Massage» stand und das Beste daran war, dass er sogar funktionierte! Da kamen plötzlich zwei Flight-Attendants und fragten mich, ob ich mich für die Massage angemeldet hätte. Ich bejahte und durfte ihnen in den Massageraum folgen. Was für ein Geschenk diese Entspannung war!

Spass, natürlich war das einfach ein Massagesitz und keiner kam mich abholen! Ich war ja in einem Flieger und nicht auf einem Kreuzfahrtschiff. Was ich damit sagen möchte, ist, dass manchmal Dinge im Leben passieren, die einfach unglaublich schön sind und die man geniessen sollte. Es wäre ja wirklich schade, wenn man Geschenke nicht geniessen würde, nur weil andere eifersüchtig sind. Es bedeutet ja nicht, dass man nicht teilen könnte. Wenn deine Mama früher dein Lieblingsgericht gekocht hat, hast du es ja auch gegessen und bestimmt konntest du ab und zu auch mal jemanden dazu einladen und ihm damit eine Freude bereiten. Es ist so etwas Schönes, wenn man sich mitfreuen kann! Vielleicht erlebst du so etwas auch einmal selbst, aber vielleicht auch nicht oder einfach anders. Es zeugt von Stärke, ja von Charakter, wenn sich Menschen mitfreuen, wenn andere Gunst erleben!

Ich glaube, dass man in Gunst wachsen kann. Wenn Menschen treu mit den Sachen umgehen, die ihnen im Leben anvertraut wurden, kann es gut sein, dass der liebe Gott ihnen dann ein paar Sachen mehr anvertraut. In der Bibel gibt es übrigens ein paar Stories, in denen Menschen in der Gunst gewachsen sind. Mir ist aber auch klar, dass nicht alle Menschen diese Gunst-Zeiten bereits hier auf Erden erleben. Ich persönlich glaube an das ewige Leben. Eventuell klingt das jetzt komisch für dich. Aber ja, es ist mein Glaube. Ich glaube daran und es gibt mir Hoffnung und Sinn.

29

KRAFT DES DIENENS

Mich faszinieren die unterschiedlichsten Menschen. Meistens sind es Leute mit Dienerherzen. Menschen, die es lieben, andere anzufeuern. Eltern, die ihre Kinder beim Sport unterstützen. Väter, die eine Extrameile zum Fussballfeld gehen, damit ihr Sohn noch ein paar Tore schiessen kann und so die Möglichkeit hat, ein Stück besser zu werden. Mamas, die ihre Kinder einfach lieben und ihr grösster Fan sind. Freunde, die einen freisetzen und supporten, damit wir uns für das Wesentliche einsetzen können. Ein Partner, der voll hinter einem steht und einfach liebt, was der andere macht! Wenn endlich der Tag gekommen ist, an dem jemand die Zusage für ein Sportstipendium erhält und die Eltern sich unglaublich mitfreuen, obwohl sie selbst so einen Erfolg nie erlebt haben.

Was für Herzen das sind, was für liebevolle und liebende Herzen! Dienerherzen, die einfach geben und stolz sind, dass sie andere freisetzen können. Menschen, die nicht das Rampenlicht suchen, die eventuell nie gesehen werden auf dieser Erde, aber voller Zufriedenheit unterwegs sind. Eines glaube ich ganz bestimmt: Es gibt jemanden, der sieht jeden einzelnen Akt des Dienens!

Wenn man jemand ist, der andere freisetzt, anfeuert und liebt, wird das nicht spurlos an einem vorbeigehen.

Durch solche Leute werden ganze Familien wieder gesund, Teams zusammengeschweisst, Menschen zu Topleistungen befähigt, Unmögliches wird wahr. Dahinter stehen oft Menschen, die die Kultur von innen verändern und prägen. Nicht diejenigen, die immer die grossen Worte schwingen, sondern diejenigen, die treue Herzen haben und die immer und immer wieder dienen.

Mein Vater ist so jemand. Er hat all sein Wissen, seine Lebenserfahrung und seinen Ehrgeiz in uns Kinder hineingelegt. Das war seine Art des Liebens und Dienens. Für mich war es nicht immer einfach, da wir uns in gewissen Bereichen sehr ähnlich sind. Deshalb kamen wir uns ab und zu in die «Quere». Doch Gott sei Dank ist eine unserer Stärken, dass wir uns immer wieder schnell vergeben können. Jetzt, wo mein Vater nicht mehr in meinem Unternehmen arbeitet, merke ich, was er dort für geniale Spuren hinterlassen hat. Manchmal hat man die falsche Brille auf, wenn man mitten in einem Prozess steht. Rückblickend merke ich, was für unglaublich krasse Dinge er in mich hineingelegt und in der Firma einige Abläufe so optimiert hat, dass ich bei gewissen Projekten viel weniger Arbeit habe! Heute bin ich geprägt von Ehrgeiz, Ästhetik und

Disziplin. Danke, Papa!

Meine Mama ist einfach immer ein Fan von uns Kindern gewesen! Egal, was wir machen oder gemacht haben, sie war, ist und wird immer für uns da sein. Ich bin ihr dankbar für die tausenden von Nachrichten, die ich in meinem Leben von ihr erhalten habe. Seien es Worte, Nachrichten oder einfach stille Taten. Sie hat immer an uns geglaubt und wird dies auch weiterhin machen. Aus selbstloser Liebe zu uns Kindern!

Und dann ist da noch mein guter Freund Michael. Ihn könnte man im Duden unter «Dienen» als Ergänzung hinschreiben. Was für ein selbstloses Dienerherz er hat! Hunderte Male hat er mich freigesetzt, so oft ging er Extrameilen, damit ich mich auf andere Dinge konzentrieren oder mal Pause machen konnte. Im Jahr 2017 gab er seinen ganzen Jahresurlaub für die Vision von LOVE YOUR NEIGHBOUR hin!

Einmal habe ich in einem American Football-Spiel gesehen, wie der Quarterback – man nennt ihn auch den «wertvollsten Spieler» – seine Position an einen anderen verloren hat. Er hatte zwei Optionen: aus dem Team gehen oder bleiben. Er stellte sich vor das Team, gratulierte dem neuen Quarterback, wünschte ihm viel Erfolg und dann umarmte er ihn und sagte zum Team: «Zusammen schlagen wir alle, wir müssen einfach auf der RICHTIGEN Position spielen.» Wow, was für ein kraftvoller Spieler. Er hatte verstanden, was es heisst, die richtige Position in einem Team einzunehmen. Auch wenn er die Position, die ihm sehr lieb war, an jemanden anderes abgeben musste. Er war bereit, zu bleiben und dem Team zu dienen, statt den Fisch zu machen. Das sind für mich Herzen, die den Begriff «Dienen» verstanden haben. Sie haben begriffen, was es bedeutet, das Beste für den Nächsten zu wollen. Sogar dann, wenn sie den Preis dafür bezahlen müssen!

Da gab es einen Moment in meinem Leben, in dem ein Freund von mir durch eine schwierige Situation ging. Nachdem er mir alles erzählt hatte, wusste ich, dass ich eigentlich gar nichts mehr machen konnte, als einfach für ihn da zu sein. Er war alles andere als gläubig und ich sagte ihm: «Auch wenn du nicht religiös und gläubig bist, kannst du ein Gebet nach oben schicken.» Er meinte nur so: «Ist okay, passt schon. Das macht die Situation auch nicht besser.» Also habe ich mich dazu entschieden, meine Hände zu falten und für ihn einzustehen, denn ich wusste, mehr kann ich nicht machen. Seit ich ein Kind bin, weiss ich in meinem Herzen, dass ich den lieben Gott fragen muss, wenn ich nicht weiter weiss. Dann habe ich für meinen Freund im Gebet Stellung bezogen. Nach kürzester Zeit sagte er völlig überraschend zu mir: «Danke, dass du für mich gebetet hast. Mir geht es schon viel besser!» Schon spannend.

Manchmal braucht es so wenig und dem anderen ist bereits gedient. Doch haben wir die Bereitschaft, zu dienen?

Bei uns im Team habe ich mich ganz bewusst dazu entschieden, dass keine Titel oder Positionen verteilt werden. Weil ich ein Zeichen setzen wollte. Bei uns auf der Webpage, auf den Visitenkarten oder wo auch immer, steht bei allen «Servant». Ganz simpel und ausdrucksstark «Diener». Als ich einmal bei einem Bankdirektor war und er mich nach meiner Karte fragte, sah er, dass dort «Servant» draufstand. Verwundert fragte er mich: «Sind Sie nicht der CEO?» Ich erwiderte: «Doch, doch, das bin ich. Warum?» Daraufhin antwortete er nur kurz: «Ah, nur so!» Diese Situation zu beobachten, war interessant. Doch wir haben uns dazu entschieden, uns nicht über unsere Positionen zu definieren, sondern ein Team zu sein, das eine dienende Haltung an den Tag legt. Das erwarte ich. Diese Erwartung richte ich auch an mich, denn ich möchte mir nicht von jemandem aus dem Team etwas wünschen, das ich selbst nicht liefern kann. Ich schätze und liebe mein Team so sehr, dass ich ihnen dienen möchte. Ja, ich liebe jeden einzelnen und bin dankbar für ihre Herzen.

30

Das schlimmste Gefängnis ist das, das wir selbst in uns errichtet haben. Das Spezielle daran ist, dass es sich meist wie Einzelhaft anfühlt, mit – wenn überhaupt – ab und zu einer Hofstunde. Erstaunlich, in wie vielen gewaltigen Mustern wir uns immer wieder festhalten. Das kann zum Beispiel sein, wenn wir mit Rache leben. Oder wenn wir negativen Stimmen, die über unserem Leben ausgesprochen wurden, Raum geben. Wenn wir zusammengeknickt sind vor dauerndem Schmerz oder bereits so gefangen und verletzt sind, dass wir im Leben alles nur noch berechnen, statt zu vertrauen. Die Liste kann unendlich lang sein. Der Punkt ist folgender: Wir müssen einen Weg finden, wie wir aus dieser Isolationszelle herauskommen, wie wir sie für eine Weile von aussen abschliessen können. Um sie später dann wieder zu öffnen, um diese traurigen Zeiten zu verarbeiten. Wir machen den Raum nicht einfach zunichte, sondern wir füllen ihn dann mit neuem Leben.

Aus einem Raum voller Asche wird ein Raum voller Gold.

Das machen wir nicht, um zu horten, sondern um ein Geschenk für andere zu sein. Stück für Stück können wir durch solche zu Gold gewordenen Momente anderen ein Wort, einen Gedanken oder gar eine Weisheit weitergeben, die ihnen dient. Seine Vergangenheit nicht zu verneinen, sondern sich mit ihr zu versöhnen und sie aus einer etwas anderen Sicht anzuschauen, ist sehr kostbar. Meist braucht das eine klare Entscheidung dazu und Zeit. Gerne möchte ich auf ein paar einzelne Gefängnisse eingehen, die ich oben bereits erwähnt habe.

Die Zelle der Rache. Wer kennt das nicht, dass man jemanden aus Rache und Verletztheit Tage, Wochen, Monate oder sogar Jahre in so einer «Zelle» sitzen lässt, ohne ihn zu besuchen? Ich kenne Menschen, die haben Personen jahrelang dort drin gelassen und haben sich gedacht: «Ich lass ihn so lange dort schmoren, bis sich dieser Gefangene bei mir entschuldigt hat. Und wenn er das tut, lass ich ihn trotzdem noch ein wenig da drin.» Das Spannende an der Situation: Wenn man die Zelle genau betrachtet, erkennt man, dass gar nicht die Person, an der man sich rächen möchte, in der Zelle sitzt, sondern der Gefängniswärter selbst. Durch Rache sperrt man sich selbst ein!

Ich kenne jemanden, dem es genauso ging. Er heisst David. Ah, genau, das bin ja ich!

In meinem Leben gab es Menschen, die haben mir oder meinen Liebsten heftiges Unrecht angetan oder uns unnötig blamiert. Da wurde ein blendendes Spotlight auf unsere Blösse gerichtet. Zum Beispiel wurde mein Sportwagen in der Nacht einmal total mit Lippenstift vollgeschrieben. Mit Sätzen wie: «Ich würde es lieben, Sex mit dir zu haben.» «Alles wegen deinem scheiss Glauben an Gott. Scheiss Jesus.» Das war schon recht speziell, als ich am Morgen aufgestanden bin und das gesehen habe. Meinen Nachbarn ging es sicherlich ähnlich. Mich hat das echt ein paar Tage beschäftigt. Vor allem, weil ich nicht wusste, wer es war. Und einen Post darüber zu machen, wäre ja auch nicht wirklich cool! Ich hätte fast alles dafür gegeben, zu wissen, wer die Übeltäterin war – oder die Übeltäterinnen. O Mann! Ich war echt megabitter in meinem Herzen und habe innerlich die Leute gleich mal in die Zelle eingesperrt. Hier kommt der Witz: Ich wusste ja nicht mal, wer es war. Aber ich war bitter und habe die Zelle einfach mal geöffnet und dann gleich zugesperrt, um danach festzustellen, dass ich mich selber gefangen hielt. So habe ich mich ein paar Tage später entschieden, diesen Personen zu vergeben, obwohl ich sie nicht einmal kannte. An diesem Tag wurde ich frei und empfand keinen Hass mehr. In meinem Herzen versuchte ich, das Positive aus der Situation rauszuziehen. Es war nicht fair und absolut daneben, in vielerlei Hinsicht! Aber so ist das Leben. Wir sind hier auf der Erde auf einer Reise und nicht am Ziel. Oft hilft es einfach, die Situation mit einer etwas anderen Brille zu sehen!

Die Zelle der negativen Stimmen, die über ein Leben ausgesprochen wurden. Da könnte ich natürlich ein paar Songs drüber schreiben oder ein paar Alben produzieren. So oft wird auf dieser Erde Müll rausgelassen und lasst uns ja nicht denken, dass das nur die anderen sind. Wir selbst sind hier allzu oft genauso die Übeltäter. Manchmal vielleicht unbewusst, aber dennoch tun wir es.

Über mich haben einige Lehrpersonen immer wieder gesagt: «Aus dir wird wohl nichts. Fauler als du kann man ja gar nicht sein.» Okay, sie hatten ja zu 50 Prozent recht. Ich war faul, das war eine Bestandsaufnahme. Sie hatten sich allerdings das Recht rausgenommen, über mein Leben zu sagen: «Aus dir wird nichts.» Hey, Worte haben Macht und so etwas sagt man einfach nicht! Doch dann kann man sich in die Zelle verziehen und diese Sätze in sich reinfressen. Oder man fängt an, diese Worte direkt auszusortieren. Es hilft sehr, sich mal zu überlegen, wo solche Sätze über das eigene Leben ausgesprochen wurden, man das zum Beispiel aufschreibt und anschliessend verbrennt. Das können Sätze sein wie: «Du bist nicht gewollt.», «Aus dir wird nie etwas Richtiges werden.», «Schau mal an, wie schlecht du im Sport bist.», «Wie willst du es an die Spitze schaffen?» Einfach Müll. Man schiesst mit den Worten um sich und verletzt Menschen bewusst oder unbewusst. Wenn der Getroffene mit diesen Worten nicht richtig umgehen kann, können hier lebenslange Verletzungen entstehen. Die Reaktion eines Easy-Going-Dude könnte hier zwar sein: «Ist doch kein Ding, soll er doch labern!» Ist vermutlich auch so. Manchmal muss man Menschen einfach labern lassen. Aber das kann man erst dann mit einem guten und ehrlichen Gewissen so an sich abperlen lassen, wenn man weiss, wer man ist. Doch wenn man das noch nicht weiss und eventuell sogar angeschlagen ist, ist es schmerzhaft. Falls dir selbst solche Momente in den Sinn kommen, in denen du eventuell deinen Eltern, deinen Kindern, deinem Partner, deiner Freundin oder sonst jemandem solche Dinge gesagt hast, ist es JETZT an der Zeit, um Vergebung zu bitten. Weisst du warum? Morgen könnte es nämlich schon zu spät sein!

Die Zelle des Schmerzes. Was für ein schreckliches Wort! Man hat Schmerzen und das Leben geht immer weiter. Ein Leben, in dem es weitere Schmerzpunkte gibt. Ich selber leide ja seit über sieben Jahren an Rückenschmerzen. Operationen, Rehas, Morphium, Opiate etc. sind auf meiner Liste. Das über Jahre hinweg. Wie gesagt, bis heute bin ich nicht schmerzfrei.

Da war zum Beispiel die Zeit in der Reha, in der es mir ganz schlechtging und mich eine traurige Nachricht nach der anderen erreichte. Dazu als Hochsensibler in einer Reha zu sein, in der man das Leid um einen herum viel intensiver wahrnimmt als ein kalter Fisch. Dann gibt es noch Ärzte, die dein Leiden nicht ernst nehmen oder irgendeine Theorie aussprechen, die sie bei den letzten zehn Patienten genauso aufgestellt haben. Da hätte man doch gleich ein Gruppengespräch führen können. Ah, nein, da wäre die Bezahlung nicht die gleiche gewesen! Therapeuten, die in deiner Therapiestunde mehr geredet als gearbeitet haben. Als Schmerzpatient kennst du vermutlich die einen oder anderen Gedanken. Aber so negativ, wie gewisse Dinge auch sind, muss man schauen, dass man selbst nicht alles so negativ sieht, wie ich es hier geschrieben habe. Wenn man allerdings so tief drinsteckt, eventuell noch voll mit Medikamenten ist und nicht klar denken kann – auch wenn man tatsächlich zu 100 Prozent davon überzeugt ist, dass man klar denkt – ist es wichtig, dass man einen kühlen Kopf bewahrt. Es ist normal, dass es miese Tage gibt und die Tränen fliessen. Das ist auch gut so, Tränen dürfen ruhig fliessen, das tut nämlich gut und gilt auch für die harten Jungs unter uns! Schon einige Male habe ich selbst erlebt, dass Tränen mich befreit haben. Durch das Weinen wurde ein Stück Schmerz weggespült. Es ist viel besser, als eine neue Mauer um sich aufzubauen und Sätzen wie «Ein Mann weint nicht» Glauben zu schenken!

Wenn man im Leben durch eine Phase des Schmerzes geht, sei dies

GEFANGENSCHAFT

Schmerz aus Verlust, Schmerzen in der Seele, körperliche Schmerzen oder wie auch immer, muss man sich bewusst sein, dass das Leben weitergeht und auch das Leben der Mitmenschen. Man ist schon direkt viel dankbarer für die Menschen, die einen durch diesen Prozess begleiten. Seien es Ärzte, Therapeuten, Freunde oder Familie. Schnell sucht man bei ihnen Fehler, aber wenn man die richtige Brille aufsetzt, in diesem Fall die Brille der Dankbarkeit und des Bewusstseins, dass das Leben weitergeht, wird man nicht anklagend. Sonst entsteht die Gefahr, dass man sich zurückzieht und nicht mehr aus dieser Zelle herausfindet. Allzu schnell sieht man sich selbst als Opfer und eine Opfermentalität ist einfach nur traurig. Es kann Zeiten geben, in denen man dermassen angeschlagen ist, dass man Zeit in der Zelle verbringt. Aber dann muss auch wieder die Zeit kommen, in der man sich erneut entscheidet, sich zu stärken und ein paar Klimmzüge in der Zelle zu machen! Mit einer Opfermentalität kommt man im Leben nun mal nicht weiter. Das einzige, was weiterläuft, ist die Zeit. Doch um im Leben Dinge zu verändern, sei es auch im eigenen Leben, muss man sich manchmal einfach zusammenreissen. Auch dann, wenn man keine Kraft hat. Man wünscht sich ja neue Kraft und dazu braucht es Training. Falls du zurzeit in so einer Zelle des Schmerzes sitzt, wünsche ich dir von Herzen, dass du solche Trainingseinheiten wahrnimmst. Sei es ein Gespräch bei einem Mentor, im Sportverein oder wo auch immer. Es geht darum, dass du wieder unter die Leute kommst, in der Reha das Sportprogramm besuchst, etc. Bei mir ging beispielsweise nur Atemtraining in der Reha, auch wenn das Durchschnittsalter dort zirka 70 war. Ich wusste, ich muss mich Schritt für Schritt wieder aufbauen. So: Change your glasses und probiere, Schritte zu gehen – egal wie gross sie sind. Deine Zukunft beginnt mit dem nächsten Schritt.

Die letzte Gefängniszelle, die ich hier gerne noch erwähnen möchte, ist die Zelle des Berechnens. In meinem Alltag treffe ich viele Leute, die sehr berechnend sind. Zum Beispiel rechnen sie, bevor sie etwas unternehmen, alles bis auf den letzten Franken aus, statt einfach mal eine Grobplanung zu machen. Dabei planen sie so gewissenhaft, dass sie das Abenteuer schon lange verpasst haben! Man rechnet mehr, als dass man vertraut. Natürlich kann man das auch treue Verwalterschaft nennen. Aber lasst uns Misstrauen oder fehlendes Vertrauen nicht mit treuer Verwalterschaft verwechseln. Eventuell ist das ein schmaler Grat – dann finde ihn selbst heraus.

Hand aufs Herz: Sind wir wirklich Gefangene des Berechnens? Müssen wir immer genau wissen, wie wo was kommt? Oder können wir diese Zelle auch ab und zu verlassen und ein Stück weit darauf vertrauen, was kommt?

So oft bin ich Schritte gegangen, bei denen ich wusste: Wenn ich jetzt anfangen würde zu rechnen, würde es nicht aufgehen. Doch ich wusste auch, dass ich das Abenteuer liebe und mehr Glaube investieren möchte, als Zeit damit zu vergeuden, alles zu berechnen. Und es ging auf! Ich könnte hier hunderte Stories erzählen. Nie hatte ich ein fixes Einkommen in meinem Leben, mein letztes festes Gehalt war, als ich meine Ausbildung mit gerade mal 18 Jahren abgeschlossen hatte. Nie hatte ich die Gewissheit, ob Ende des Monats Geld auf dem Konto sein wird. Doch ich wusste, wenn ich arbeite, dann wird was kommen, aber wenn ich mal nicht arbeite, kommt eventuell weniger. Warum? Ganz einfach, da ich es immer mal wieder erlebt habe, dass irgendwelche Geschenke vom Himmel fallen wie Steuerrückzahlungen, Geschenke von Leuten, supercrazy Aktionen oder was auch immer.

Einige Male bin ich in den Urlaub gefahren und wusste im Vorfeld, dass ich mir dies und jenes nicht leisten kann. Als ich dann auf der Reise war, ging es plötzlich doch. Das Abenteuer war geradezu perfekt!

Jemand hat mal eine befreundete Familie von mir gefragt, ob sie einen Budgetplan hätten und sie haben gesagt: «Wenn wir so einen machen würden, dann würde es gar nicht aufgehen, wir wären dann immer im Minus. Doch es geht seit Jahren auf!» Genau, manchmal ist es dran, einfach zu vertrauen. Auch mit den Träumen und Visionen, die wir haben, warten wir teilweise, bis wir alles durchgerechnet haben und wagen uns dann an die ersten Schritte. Natürlich sollen wir auch keine Dummköpfe sein, die mal eben einen Hauskauf unterschreiben und Autos bestellen, wenn sie kein Geld oder keine Aussicht auf erfolgreiche Geschäfte haben. Aber auch hier kenne ich Menschen, die ein Wunder erlebt haben! Das ist dann ein Grat, den jeder für sich selbst bestimmen muss. Die Brille des Vertrauens ist um einiges schöner als die Zelle des Berechnens. Probiere sie wenigstens mal aus! Was mir da geholfen hat, ist, zu wissen, dass wir mehr in den Versorger vertrauen sollen als in die Versorgung selbst. Die Versorgung wird irgendwann einmal aufgebraucht sein, nicht aber der Versorger! Doch als Ermutigung:

Auch wenn du in einer Zelle steckst – es ist wichtig, die Chance der Gefängniszeit zu entdecken.

Zwei Menschen können in der gleichen Zelle stecken, der eine sieht nur den Dreck und der andere zählt die Sterne.

31

SIEGERMENTALITÄT

SIEGERMENTALITÄT

Wer würde an einem Wettkampf teilnehmen, ohne mit dem Gedanken zu spielen, zu gewinnen? Keiner, der den Kampf ernst nimmt! Schluss, aus, Mickey Mouse. Ganz im Ernst, es wäre unfair dem Gegner und dem Wettkampf gegenüber. Mit der richtigen Einstellung an den Start zu gehen, ist ganz wichtig. Ob man nicht einfach mal so rein aus Spass an den Start gehen kann? Ja, absolut. Doch von dieser Art Wettkampf spreche ich hier nicht. Sondern von unserer persönlichen Einstellung als Sieger, mit der wir durchs Leben gehen. Wenn wir uns so eine Siegermentalität angewöhnen und an dieser weiterarbeiten, werden wir gestärkt. Wir bereiten uns auf die Kämpfe im Leben vor, trainieren dafür und sind bereit. Nicht zuletzt können wir so auch für andere eine gewaltige Brücke sein, die ihnen hilft, Abgründe und reissende Flüsse zu überwinden. Oder wie wollen wir für andere einen Unterschied machen, wenn wir selbst noch schwach sind? Was für eine Brücke könnten wir für andere sein, wenn wir an unseren Umständen selbst zerbrechen?

Das Ziel einer Siegermentalität sollte nicht sein, besser zu sein als andere. Sondern sein Potenzial im Ganzen entfalten zu wollen. Wenn wir herausfinden, was für ein Potenzial in jedem von uns steckt und entdecken, dass Grenzen praktisch nur in unseren Köpfen existieren, sind das Sternstunden. Erfolgsmomente lösen eine himmlische Kraft aus und ich denke, die wurde uns gegeben, damit wir gestärkt werden und weitermachen können. Eine Siegermentalität können wir für verschiedene Dinge im Leben einsetzen, nicht nur für den Wettkampf selbst. Menschen mit einer starken Lebenseinstellung bleiben die Fights nicht erspart, doch sie laufen mit einer anderen Stärke und somit einer anderen Strategie. Es ist lohnenswert, an dieser Einstellung zu arbeiten, auch wenn es ab und zu hart werden kann.

Mir hilft es, Stories von erfolgreichen Menschen anzuschauen. Menschen, die einen Unterschied in dieser Welt gemacht haben. Menschen, die ein wenig oder ganz stark «anders eingestellt» sind oder waren. Das können Biografien sein, die verfilmt wurden, Kurzgeschichten oder Bücher. Wenn man das Leben eines Menschen anschaut, merkt man relativ schnell, was seine Kernpunkte im Leben sind oder waren. Meist sind es Personen, die durch eine intensive Zeit gegangen sind und «dem Kampf den Kampf angesagt haben». Einmal mehr: Eine persönliche Veränderung beginnt meistens mit einem starken «Warum».

Es ist wichtig, dass du dich auf die Suche nach deinen eigenen Stärken machst. Sie können dir eine Richtung aufzeigen, wo es hingehen könnte.

SIEGERMENTALITÄT

Je mehr du deine Stärken einsetzt, desto selbstsicherer, aufgebauter und leidenschaftlicher wirst du unterwegs sein.

Genau das brauchen wir: Leidenschaft, Selbstsicherheit und ein aufgebautes Rückgrat!

Persönlich bin ich davon überzeugt, dass jeder irgendwelche Stärken hat und diese trainieren kann. Doch das Leben zwingt uns manchmal in die Knie und teilweise bleiben wir dann in dieser gebeugten Position. Falls das bei dir so ist, ist es jetzt an der Zeit, aufzustehen und deine Stärken zu suchen.

Schon ganz früh im Leben steckt man uns in irgendwelche Muster. Bald glaubt man das selbst, da es einem das Umfeld immer und immer wieder bestätigt hat. «Hui, Sport ist nichts für dich!» Dabei weisst du ganz genau, dass du ein talentierter Sportler wärst! Es ist an der Zeit, aufzustehen, deine Stärken herauszufinden und diese dann zu trainieren.

Eine gewaltige Stärke, die sich besonders Menschen mit einer ausgeprägten Siegermentalität zugelegt haben, ist der Umgang mit Hindernissen im Leben. Seien es Widrigkeiten wie Krankheit, Tod, verfehlte Ziele oder was auch immer. Sie haben gelernt, mit Leid und Misserfolg umzugehen, auch wenn es unfair und total schlimm ist. Hier ist es wichtig, dass man nicht bitter und kalt wird. Dass man sich der Situation stellt, sie wahrnimmt, sich Zeit gibt, aber fokussiert bleibt. Auf dieser Erde sind einige Dinge nun mal nicht fair und absolut miserabel. Ich bin froh, dass Ungerechtigkeit eines Tages ein Ende haben wird. Ich habe einen kindlichen Glauben und glaube an den Himmel, wo einmal alles perfekt sein wird: kein Schmerz, keine Trauer und keine Ungerechtigkeit mehr. Mein Herz ist zwar bereits an diesem wunderbaren Ort, aber bevor ich ganz dort bin, will ich mir eine Siegermentalität aneignen, die ich auf dieser Erde leben kann. Das Leben ist zu schön, um einfach ein Fähnchen im Wind zu sein. Ich möchte das Leben wertschätzen.

Mit der richtigen Siegereinstellung kannst du anfangen, deine Zukunft mitzugestalten. Von allein wird es schwierig, denn wir alle werden relativ früh aus unserem kindlichen, träumerischen Denken herausgerissen. Manche früher, die anderen später. Man wird in einen Durchschnitt hineingezwängt und wenn genug Menschen sich da reinpressen lassen, beginnt man auch selbst, in diesem beengenden Kasten zu leben. Dabei geht es hauptsächlich um Sicherheit und darum, im Durchschnitt zu sein. Das kann doch nicht wahr sein! Wir wurden so einzigartig erschaffen, da ist es doch völlig klar, dass wir unterschiedlich sind! Es ist okay, wenn du aus dieser Box ausbrechen willst! Hier spreche ich vom Ausbrechen aus dieser Box. Nicht, dass du denkst, ich verlasse jetzt meine Frau und meine Kinder, da ich etwas in der Jugend verpasst habe. Hier spreche ich von einem Ausbrechen aus Denkmustern, bei dem man aber die wirklich wichtigen Dinge im Leben nicht verletzt.

Jetzt ist es an der Zeit, dankbar zu sein, dein Leben zu analysieren, deine Träume zu entdecken, bzw. den einen oder anderen Traum zu hinterfragen. Wenn er Leidenschaft in deinem Herzen auslöst, wäre es eventuell dran, diesem Traum den nötigen Respekt zu zollen. Du solltest anfangen, ihn zu leben und etwas dafür zu tun, dass er Realität wird. Das Ganze wird noch viel schöner, wenn du den Weg bis dahin mit voller Aufmerksamkeit geniesst und wahrnimmst. Auf dieser Reise wirst du zwangsläufig mit einigen Dingen konfrontiert. Umso besser, wenn du das als Training zulässt und nutzt!

Das Leben ist um einiges schöner, wenn man als Gestalter unterwegs ist, statt als Getriebener. Hier ist es mir ganz wichtig zu sagen, dass mir bewusst ist, dass nicht jeder die gleichen Möglichkeiten hat, um etwas umzusetzen. Einige sind wirklich in ihrer Existenz bedroht und haben praktisch keine Möglichkeit, gewisse Dinge umzusetzen. Aber gerade deshalb ist es ja so wichtig, sich eine Siegermentalität zuzulegen, seine Stärken kennenzulernen und eine Leidenschaft für Menschen und ihre Träume zu entwickeln. Während der getriebene Mensch jedem Trend hinterherläuft und alles besitzen muss, da er «super nice» in der Gesellschaft dastehen will, macht das ein Mensch mit der richtigen Einstellung anders. Er nimmt sich Zeiten, in denen er sich ganz bewusst Gedanken darüber macht, wo er herkommt, was er kann, was er gerade besitzt – und überlegt sich, wo er hinwill. Er schätzt das Leben und lebt es bewusst.

Habe die Grösse und den Mut, dir Gedanken zu machen und fang an, eine Vision zu gestalten. Eine Vision, in der auch andere Menschen einen Platz haben oder davon profitieren. Das ist meine Meinung. Wenn es eine nachhaltige Vision ist, wird es eine Vision sein, von der auch andere Menschen profitieren werden. Auf dieser Erde geht es nicht darum, sein eigenes Türmchen auf Kosten anderer Menschen zu bauen. Ein gutes Miteinander war, ist und bleibt am kraftvollsten! Teile deine Stärken und deinen Einfluss mit Schwächeren. Liebe, Aufmerksamkeit und Respekt hat jeder verdient. Eine der grössten Stärken besteht darin, anderen die Hand zu reichen, um sie zu befähigen. Meist geschieht diese Handlung, wenn wir ein Herz voller Dankbarkeit haben.

Interessant ist, dass wir so geprägt wurden, dass wir gerne unserem Umfeld gefallen wollen. Dem Nachbarn, den Mitarbeitern, den Kunden und so weiter. Am liebsten jedem! Damit habe ich selbst Erfahrungen gemacht und gemerkt, dass das mit sehr viel Stress einhergeht. Schliesslich ist es unmöglich! Warum? Ganz einfach. Jeder Mensch ist anders, sei es in der Kommunikation, im Denken oder im Handeln. Man eckt immer irgendwo an, doch das spielt eine kleine Rolle im Leben. Als ich das verstanden habe, wurde meine Siegermentalität ein Stück weiter ausgebaut. Warum? Es war ein Sieg für mich persönlich. Mir wurde weniger wichtig, was Menschen über mich denken. Solange ich einen positiven Einfluss auf mein Umfeld habe und keinem zur Schande werde, weiss ich, dass ich auf dem richtigen Weg bin. Natürlich sollen Freunde und Familie weiterhin in dein Leben reden dürfen. Ob du das dann umsetzt oder nicht, kannst du ja dann selbst entscheiden!

Wenn wir die Brille eines Siegers anschauen, würde die so aussehen: Man sieht mehr die Chance, das Potenzial und die Freude des Durchbruchs als die harte Arbeit, Täler und die Tatsache, dass man es wirklich nicht schaffen könnte – und das dann womöglich noch andere Menschen mitbekommen könnten.

Da arbeiten drei Menschen an der gleichen Mauer und der Bauherr geht umher und fragt den ersten: «Was machst du da?» Der antwortet: «Ah, ich baue da ein wenig an dieser Mauer!», und sah sehr müde aus. Also ging der Bauherr weiter und fragt den anderen: «Was machst du da?» Er antwortete: «Ich bin da an der Mauer dran, war so ein Auftrag und ich führe ihn aus.» Also ging er zum Dritten und fragte ihn: «Warum bist du so fröhlich an dieser Mauer dran und was machst du da?» Und er antwortete: «Ganz einfach, ich habe hier die Möglichkeit, meine Talente für den Bau einer Kathedrale einzusetzen und ich liebe die Vorstellung, wie danach tausende Menschen einen Ort der Ruhe finden können!» Alle drei arbeiten in der gleichen Firma, am gleichen Projekt und haben den gleichen Beruf. Doch der eine hat eine Vision für das, was er tut!

32

DEIN LETZTER TAG

DEIN LETZTER TAG

Was würdest du tun, wenn du wüsstest, dass heute dein letzter Tag auf dieser Erde anbricht? Was wolltest du schon lange machen? Eine gewisse Person treffen? Eine Runde mit einem heftigen Auto fahren? Projekte abschliessen?

Sich diese Frage zu stellen, ist etwas Wunderbares. An dieser Frage erkennt man schnell, welche Werte man aktuell in seinem Leben hat. Wenn deine Gedanken lediglich sind, mit einem Ferrari durch die Welt zu fahren, könnte es sein, dass dein Fokus eher auf dem Materiellen liegt. Maybe, das soll kein Angriff sein. Doch was wäre, wenn du mit deinen Nächsten mit einem Ferrari durch die Welt fährst, um Zeit mit ihnen zu verbringen, sei es jemand aus deiner Familie oder jemand, der sonst nie die Möglichkeit dazu hätte?

Was wäre, wenn du dich mit deinen Liebsten triffst und mit ihnen einen Tag verbringst? Eventuell Menschen noch eine Nachricht schreibst, mit denen du es nie leicht hattest? Stell dir vor, du könntest ein paar letzte Worte an einige Menschen weitergeben: Wären das Worte voller Hass oder voller Liebe und könntest du sogar verzeihen? Wäre es nicht schöner, mit einem Frieden im Herzen von dieser Erde abzutreten? Stell dir vor, du weisst, dass deine Zeit bald vorbei ist, und du nimmst wahr, dass du dich dein ganzes Leben lang nur mit unnötigen Dingen beschäftigt hast. Du siehst deine Kinder an dem Tag und begreifst, dass du praktisch ihre ganze Kindheit verpasst hast, da du dich nur um andere gekümmert hast? Was wäre das für ein schrecklicher Moment? Oder du siehst deine Frau an und denkst: Krass, dass sie nach all dem Müll, den ich gemacht habe, noch zu mir steht! Sofort würde ich es anders machen.

Tatsächlich ist es so, dass ich Menschen getroffen habe, die wussten, dass sie bald gehen werden. Menschen, die alles gegeben hätten, um einige Dinge noch ändern zu können. Aber für einiges war es zu spät. Leider reagieren wir Menschen meist erst dann, wenn es zu spät ist. Dann, wenn die Bombe bereits hochgegangen ist.

Immer mal wieder frage ich mich: David, was würdest du machen, wenn in diesen Tagen deine Lebensuhr auf der Erde ablaufen würde? Für mich ist diese Frage sehr wichtig. Nicht, damit ich unter Druck komme, sondern, damit ich meine Werte immer mal wieder hinterfrage und danach klare Entscheidungen treffe. Eine Entscheidung, die ich mir fest vorgenommen habe, ist, dass ich der Person, der ich gegenüber Hass verspüre, noch vergeben möchte, bevor die Sonne untergegangen ist. Denn ich möchte nicht mit einem hasserfüllten Herzen aufstehen, auch wenn es mir ab und zu nicht leichtfällt.

Oft erwische ich mich auch dabei, dass ich voll in dem lebe, was einmal sein könnte, statt den Moment zu geniessen. Wenn du weisst, dass du morgen bereits weg bist, wäre es sinnvoll, dass du deinen letzten Tag hier auf Erden richtig einsetzt und ihn wirklich auch geniesst. Und warum damit nicht schon heute anfangen?

Natürlich ist es um einiges einfacher, wenn du an das ewige Leben glaubst, denn dann weisst du, dass du an deinem letzten Tag nur einen Umzug vor dir hast. Sprich, du schliesst deine Augen und im nächsten Augenblick öffnest du sie und wirst hoffentlich in den liebevollen Armen von Gott sein und deine Liebsten wiedersehen. Wenn du daran glaubst, wird der Tod einfach ein Ortswechsel sein. Doch wenn du keine Hoffnung hast, wie es danach weitergeht, kann das zu einem unglaublichen Druck werden.

Leider war ich bereits an diversen Abdankungen und habe miterlebt, wie Familienmitglieder Abschied nehmen mussten – so wie ich mich auch selber mit gerade mal 13 Jahren von meiner Schwester verabschieden musste. Als sensibler Mensch mache ich mir mehr Gedanken darüber als jemand, der das noch nicht wirklich erlebt hat.

Als ich gehört habe, was die Menschen an der Abdankung meiner lieben Anja gesagt haben und als ich gelesen habe, was sie auf die vielen Karten geschrieben hatten, habe ich mich plötzlich gefragt, was man wohl an meiner Beerdigung sagen würde. Was wären wohl für Beschreibungen über mein Leben auf meinem Grab? Was würde gesprochen, wenn es ein Open-Mikrofon geben würde? Kämen überhaupt Menschen oder wären es einfach die Leute, die so oder so gerade auf dem Friedhof sind und meine Familienmitglieder? Hat man auch ein wenig Spuren hinterlassen oder führte man ein so isoliertes Leben, vermied jeden sozialen Kontakt? Oder war man so im Streit mit der eigenen Familie, dass nicht mal die zur eigenen Beerdigung kommen würde? Wäre dir das eventuell sogar egal, da du eh tot bist? Dann sage ich jetzt mal, STOPP! Wenn wir an diesem Punkt sind, ist etwas ganz Wichtiges in uns gestorben. Man hat die Liebe niedergetreten oder man hat sie niedertreten lassen. Doch Glaube, Hoffnung und Liebe sind so wichtig und die Liebe ist das Grösste!

Jeder, aber bestimmt jeder, hat in seinem Leben Dinge erlebt, bei denen es leichter war, mit Hass zu reagieren als mit Liebe! Wenn wir uns zu oft für Hass entschieden haben, ist Schritt für Schritt etwas in uns abgestorben. Sogar das Gewissen zieht sich zurück. Ich habe Menschen getroffen, die mir gesagt haben: «David, ich finde es schön, dass du glauben kannst. Ich kann es allerdings nicht mehr. Ich habe oft genug erlebt, wie unfair das Leben ist.» Ja, das ist so wahr, das Leben kann so unfair sein. Doch es gibt Hoffnung, eine Hoffnung, die grösser ist! Doch vom Nichtstun und Alles-in-sich-Hineinfressen ändert sich nicht wirklich viel. Auch wenn man den ganzen Schmerz wegtrinkt, sich ablenkt oder was auch immer – irgendwann muss man sich dem stellen. Deine Welt darf einfach nicht so enden, dass du dich hinter deiner Arbeit oder deiner Fassade versteckst! Das Leben ist zu schön und zu kraftvoll, um es nicht auszukosten! Jeder an seinem Ort und in seinen Möglichkeiten. Es ist an der Zeit, zu schauen, wo dein Platz ist und dort kannst du das perfekte Original sein, denn du wurdest aus Liebe erschaffen! Sogar, wenn deine Eltern sagen, dass du ein Unfall warst! Du bist gewollt und geliebt von unserem himmlischen Vater und weil er Leben geschenkt hat, dürfen wir das Leben lieben und wertschätzen!

Wenn wir in dieser Liebe laufen, uns bewusst für sie entscheiden, dann sind wir immer mehr von diesem Frieden und dieser Liebe erfüllt. Unser letzter Tag wäre bestimmt ein wenig anders als der von jemandem, der in totalem Hass gelebt hätte.

Als ich in meiner Trauerphase mitbekam, wie Menschen über Anjas Tod gesprochen haben, oder als ich die vielen Gesichter gesehen habe, die zur Beerdigung gekommen sind, hat mich das stark ins Nachdenken gebracht. Da waren Menschen, die haben Anja ein bis zweimal in ihrem Leben gesehen, viele Jahre zuvor, und trotzdem reisten sie von ganz weit an, um bei ihrer Abdankung dabei zu sein. Menschen, die über Anjas Leben sagten, dass es Leuchtspuren hinterlassen hat, dass Anja für Frieden in ihrem Umfeld gesorgt hat, sie immer sie selbst war, dass sie Jesus geliebt hat und fasziniert von seiner Barmherzigkeit war, welche sie selbst gelebt hat!

Was für ein Statement, wenn Menschen am Schluss über dein Leben sagen, dass du Spuren hinterlassen hast. Das ist doch um einiges himmlischer als Worte wie: «Er hat sich stets zurückgezogen, hat nie am Leben teilgenommen, war mit Hass erfüllt.» Versteh mich bitte nicht falsch. Ich möchte hier niemanden anklagen. Vor allem nicht, wenn du jemanden verloren hast, der so von der Erde gegangen ist. Ich habe das auch erlebt und es tut heftig weh! Doch heute geht es ganz persönlich um dich. Wenn wir wissen, dass wir in gewissen Bereichen noch total «strange» leben, wäre es wichtig, dass wir das ernst nehmen und an uns arbeiten. Dass wir für Vergebung laufen, wo Vergebung notwendig ist, wo wir uns mit Familienmitgliedern zerstritten haben. Dass wir das Telefon in die Hand nehmen und Kontakt aufnehmen, sogar dann, wenn wir es bereits zehn Mal probiert haben und nur Ablehnung kommt. Ich glaube an den Durchbruch. Vor allem dann, wenn wir immer mit neuer Liebe kommen! Die Kraft für solche Momente schöpfe ich aus meinem Glauben. Wenn ich im Wald bin und meine einfachen Gedanken und Gebete spreche: «Lieber Vater, schenke mir neue Kraft und rüste mich aus für diese Challenge. Ich merke, alleine kann ich das nicht.» Da entwickelt sich manchmal eine Kraft, neue

Liebe für eine bestimmte Person steigt in mir auf und ich kann neuen Mut fassen. Manchmal passiert auch nichts, aber ich mache es immer wieder!

Es hilft mir, wenn ich mich frage: «David, wie wäre dein letzter Tag? Wer wäre an deiner Abdankung? Wer würde sich noch an dein Leben oder an gewisse Momente erinnern, wenn du weg bist?»

Es ist etwas Wunderschönes, wenn wir Leuchtspuren in unserem Leben hinterlassen.

Nicht, um andere auszustechen, sondern, um sie zu motivieren. Es hat mit Stärke und Liebe zu tun, andere zu motivieren, sie zu befähigen, sie zu ermutigen, sie freizusetzen, ihnen den Rücken zu stärken, ihre Träume und Visionen zu fördern, für Vergebung zu gehen. Es ist einfach göttlich, kein egozentrisches Leben zu führen, und sich für Einheit und somit für Familie einzusetzen.

Bestimmt wird es dir helfen, wenn du dein Leben mal durch die Brille des letzten Tages anschaust. Einen Unterschied wird es übrigens nur dann machen, wenn du aktiv Schritte übernimmst.

PROJEKTE

LOVE YOUR NEIGHBOUR

Love Your Neighbour ist ein soziales Fashion Label aus der Schweiz, das hauptsächlich mit Fair-Trade-Procukten Geld für Menschen in Not sammelt. Unser Herzschlag ist es, anderen zu helfen. 12% des Gewinns geht in die LYN-Foundation, die bedürftige Menschen in unserer Nachbarschaft unterstützt.

LIEBE ODER HASS – DU MACHST DEN UNTERSCHIED

Ich träume von einer Welt, in der jeder seine wahre Identität findet, einer Welt, in der wir andere lieben und so akzeptieren, wie sie sind. Diese Liebe wird unsere Umwelt, Schulen, Städte und sogar ganze Länder verändern. Es ist herzergreifend, dass diese Vision bei immer mehr Menschen zum Lebensstil wird.

– MEHR AUF WWW.LOVEYOURNEIGHBOUR.CH –

LOVE YOUR NEIGHBOUR

LOVE YOUR NEIGHBOUR

Photos: Phil Wenger

LYN FOUNDATION

STIFTUNGSZWECK

Die Stiftung bezweckt, bedürftige Menschen in schwierigen Lebenssituationen zu unterstützen. Dies geschieht durch direkte und indirekte finanzielle Hilfeleistungen, wie die persönliche Verteilung verschiedener Produkte, oder durch die Unterstützung humanitärer Hilfs- und Entwicklungsorganisationen, die ihrerseits Hilfe leisten.

Die Stiftung ist im Rahmen der Zwecksetzung im In- und Ausland tätig.

Die Stiftung verfolgt weder Erwerbs- noch Selbsthilfezwecke und erstrebt keinen Gewinn.

EINE PERSON HAT ZWEI HÄNDE. EINE, UM SICH SELBST ZU HELFEN UND EINE, UM ANDEREN ZU HELFEN.

Mobiles Spenden

Sende eine SMS mit «LYN» und deinem Wunschbetrag von 1 - 100 CHF an 488
Beispiel, um 100 CHF zu spenden: «LYN 100» an 488 senden

- MEHR AUF WWW.LYN.FOUNDATION -

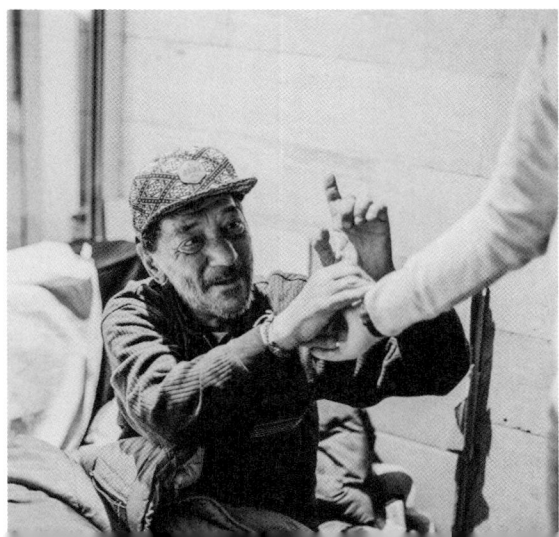

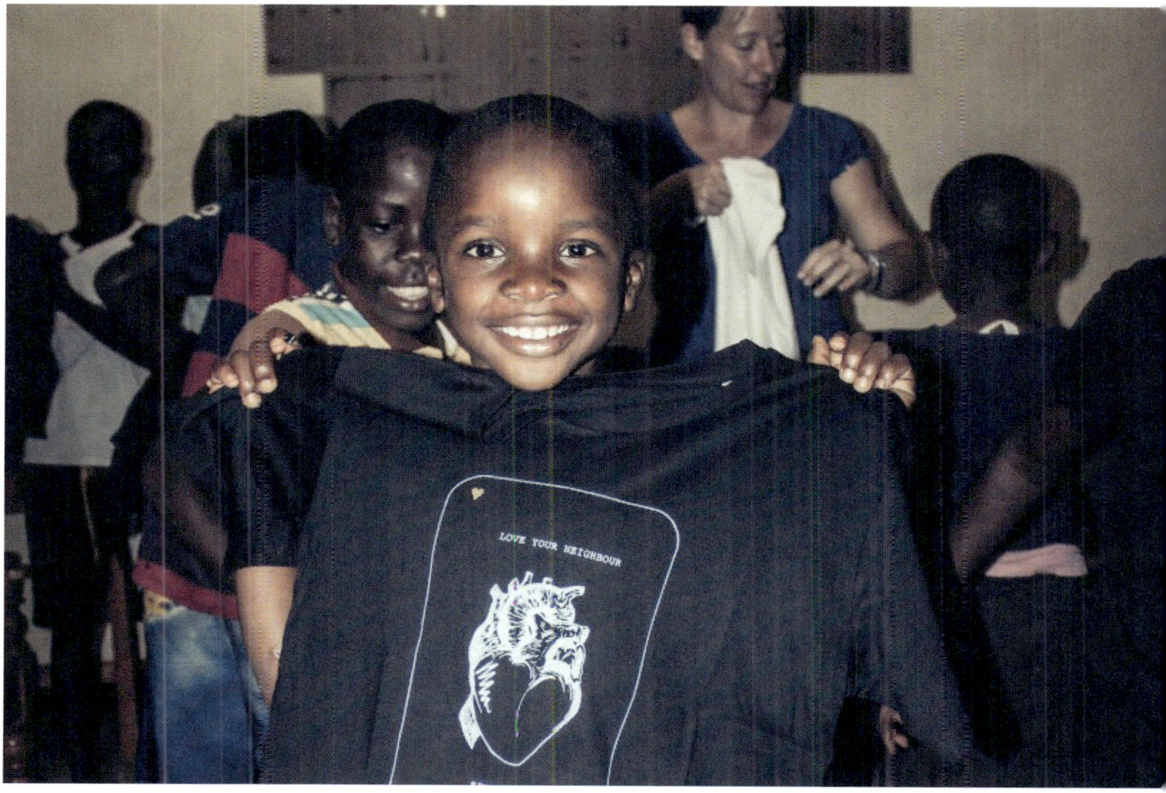

DAVID TOGNI 1987

Ihr wollt mehr über den spannenden Kopf wissen, der hinter diesem Buch steckt? Dann schaut auf seiner Website vorbei. Hier erfahrt ihr mehr über seine laufenden Projekte, könnt ihn als Speaker oder Interview-Partner buchen oder sein Consulting-Angebot «Passionfruit» in Anspruch nehmen.

Ihr benötigt nur noch den ein oder anderen Schlüssel, um eure Träume in die Realität umzusetzen? Dann profitiert von Davids exklusiven Angeboten wie der «Hour of Power» oder den «Vision Days».

- MEHR AUF WWW.DAVIDTOGNI.COM -

GLORY BOMB

IM TAXI RICHTUNG TIMES SQUARE

Hollywood? Nein, das wahre Leben. «Hand drauf?» fragte David Togni damals Benjamin Jann auf der Rückbank des gelben Taxis und die Sache war beschlossen, in Stein gemeisselt, in trockenen Tüchern. Es wird einen Energydrink geben, «Glory Bomb» soll er heissen. Eine gesunde «Fruit Explosion». Geschäftsführer David Togni hat während seiner Krankheit oft gemerkt, wie wichtig es ist, dass in Bezug auf Lebensmittel nicht nur das Design und der Geschmack zählen, sondern der Inhalt. Here we go - 15% Mangostar und vieles mehr.

- MEHR AUF WWW.GLORYBOMB.CH -

Hier mache ich einen Punkt.
Auf den letzten Seiten hast
du einiges von mir erfahren.
Jetzt geht es um dich! Deine
Meinung ist gefragt. Ich
freue mich, von dir zu hören
- auf Instagram, Facebook
oder www.davidtogni.com